Schriften zum neuen Aktienrecht
Herausgegeben von
Prof. Jean Nicolas Druey und Prof. Peter Forstmoser

S 8.

Statuten
nach neuem Aktienrecht

Articles of incorporation
pursuant to the new corporation law

Statuts
conformes au nouveau droit des sociétés anonymes

Statuto
secondo il nuovo diritto della società anonima

von

Dr. iur. Gaudenz G. Zindel   Dr. iur. Peter C. Honegger
Dr. iur. Peter R. Isler   Dr. iur. Ulrich Benz

D1640660

Schulthess Polygraphischer Verlag Zürich

1

Zitiervorschlag: Zindel/Honegger/Isler/Benz, Statuten nach neuem Aktienrecht

Stand der Bearbeitung: Ende August 1992

© Schulthess Polygraphischer Verlag AG, Zürich 1992
ISBN 3 7255 3046 7

Vorwort

Die Publikation der nachfolgenden Muster-Statuten will Verantwortlichen und Beratern schweizerischer Aktiengesellschaften eine Vorlage für die Anpassung der Statuten an das am 1. Juli 1992 in Kraft getretene neue Aktienrecht in die Hand geben.

Die vorgelegten Statuten sind auf den weitverbreiteten Typus der privaten Aktiengesellschaft mit ganz oder weitgehend geschlossenem Aktionärskreis ausgerichtet. Den Bedürfnissen von Gesellschaften mit breiterem Aktionärskreis wird mit Vorschlägen in den Anhängen und in einigen Anmerkungen Rechnung getragen. Die Anmerkungen enthalten in erster Linie Erläuterungen im Hinblick auf das neue Aktienrecht.

Die Vorlagen wurden vom Handelsregisteramt des Kantons Zürich und vom Eidgenössischen Handelsregisteramt vorgeprüft. Selbstverständlich empfiehlt es sich, die vorgelegte Fassung im Hinblick auf die Besonderheiten jedes Einzelfalles zu überprüfen und die jeweiligen Statuten, insbesondere Firma und Zweck, dem zuständigen kantonalen Handelsregisteramt zur Vorprüfung vorzulegen.

Die Vorlagen sind viersprachig, nämlich in deutscher, englischer, französischer und italienischer Sprache, abgefasst.

Die Verfasser, Rechtsanwälte im Advokaturbüro Niederer Kraft & Frey, Zürich, danken den Herren Prof. Dr. Peter Forstmoser und Dr. Manfred Küng für Prüfung und wertvolle Hinweise und Frau Rechtsanwältin Stephanie Comtesse (englisch), Herrn lic.iur. Pierre-François Stoercklé (französisch) sowie Herrn lic.iur. Damiano Brusa (italienisch) für Übersetzungsarbeiten. Besten Dank für die Durchsicht der Übersetzungen gebührt den Rechtsanwälten Paolo Bernasconi, Pierre Christe sowie Frau Rechtsanwältin Rebecca Peters. - Die Manuskripte wurden von Frau Jacqueline Rohrbach und Frau Silvia Zesiger mit viel Geduld abgeschrieben.

Foreword

Publication of the following model articles is intended to provide managers and counselors of Swiss corporations a basis for adapting the articles of incorporation to the new corporation law which entered into force on July 1, 1992.

The articles of incorporation presented herein have been prepared with a view to the prevalent form of Corporation where the shareholder constituency is restricted or closed. The needs of larger corporations with broad shareholder constituencies are taken into account in the proposals set out in the annexes as well as in a few footnotes which mainly contain explanations regarding the new corporation law.

These model articles have been approved by both the Federal Register of Commerce Office in Berne and the Cantonal Register of Commerce Office in Zurich. Obviously, the suggested provisions should be reviewed in light of the particular circumstances of each case, and, prior approval of the articles of incorporation, in particular with respect to the corporate name and purpose should be requested from the competent cantonal register of commerce office.

The model articles are presented in four languages, namely German, English, French and Italian.

The authors, attorneys-at-law with the law firm Niederer Kraft & Frey, Zürich, extend their thanks to Prof. Dr. Peter Forstmoser and Dr. Manfred Küng for their review and for their valuable comments as well as, for their translations, to Mrs. Stephanie Comtesse, attorney-at-law (English), Mr. lic.iur. Pierre-François Stoercklé (French) and Mr. lic.iur. Damiano Brusa (Italian). The authors also wish to express their gratitude to the attorneys-at-law Mr. Paolo Bernasconi, Mr. Pierre Christe and Mrs. Rebecca Peters for reviewing the translations. The manuscripts were typed, very patiently, by Mrs. Jacqueline Rohrbach and Mrs. Silvia Zesiger.

Avant-propos

La publication des présents statuts types a pour but de donner aux responsables et aux conseillers de sociétés anonymes suisses un modèle pour l'adaptation des statuts aux nouvelles dispositions relatives au droit des sociétés anonymes, entrées en vigueur le 1er juillet 1992.

Les statuts présentés sont axés sur le type répandu de la société anonyme privée avec un cercle d'actionnaires entièrement ou largement fermé. Les propositions formulées dans les appendices et dans quelques observations tiennent compte des besoins de sociétés ayant un cercle d'actionnaires plus étendu. Les observations contiennent avant tout des explications dans l'optique du nouveau droit relatif aux sociétés anonymes.

Les modèles ont fait l'objet d'un examen préliminaire de l'Office du registre du commerce du Canton de Zurich ainsi que de l'Office fédéral du registre du commerce. Il est recommandé de vérifier la version présentée quant aux particularités de chaque cas individuel et de soumettre les statuts - spécialement la raison sociale et le but - au registre du commerce cantonal compétent pour un examen préalable.

Les modèles sont rédigés en quatre langues, soit en allemand, en anglais, en français et en italien.

Les auteurs - avocats de l'Etude Niederer Kraft & Frey, à Zurich - expriment leurs remerciements à M. le Prof. Peter Forstmoser, D^r en droit, et à M. Manfred Küng, D^r en droit, pour l'examen des statuts et leurs précieuses indications ainsi qu'à Me Stephanie Comtesse (version anglaise), à M. Pierre-François Stoercklé, lic. en droit (version française), et à M. Damiano Brusa, lic. en droit (version italienne), pour leurs travaux de traduction. Ils remercient aussi Me Paolo Bernasconi, Me Pierre Christe et Me Rebecca Peters pour l'examen des traductions. - Les manuscrits ont été copiés avec beaucoup de patience par Mme Jacqueline Rohrbach et Mme Silvia Zesiger.

5

Nota introduttiva

La pubblicazione del seguente modello di statuto vuole dare ai responsabili e ai consulenti delle società anonime svizzere una base per l'adattamento degli statuti al nuovo diritto della società anonima, entrato in vigore il 1° luglio 1992.

Lo statuto proposto si riferisce al diffuso tipo di società anonima privata avente una cerchia quasi o totalmente chiusa di azionisti. Mediante proposte in appendice (e alcune note in calce) si tiene conto delle necessità di società più grandi, aventi una cerchia più estesa di azionisti. Le note in calce contengono essenzialmente delle spiegazioni sul nuovo diritto della società anonima.

Tutti gli articoli della versione di base come pure delle appendici sono stati esaminati dall'Ufficio del registro di commercio del canton Zurigo e dall'Ufficio federale del registro di commercio. Naturalmente si consiglia di esaminare la versione proposta avendo riguardo delle particolarità di ogni singolo caso e di quindi far esaminare lo statuto elaborato, in particolare la ragione sociale e lo scopo, dal competente Ufficio del registro di commercio cantonale.

Il modello di statuto proposto é redatto in quattro lingue (tedesco, inglese, francese e italiano).

Gli autori, avvocati nello studio legale Niederer Kraft & Frey, Zurigo, ringraziano i signori Prof. Dr. Peter Forstmoser e Dr. Manfred Küng per la verifica e le preziose indicazioni ed i signori avv. Stephanie Comtesse (inglese), lic.iur. Pierre-François Stoercklé (francese) e lic.iur. Damiano Brusa (italiano) per i lavori di traduzione. Vogliamo inoltre esprimere la nostra più viva riconoscenza ai signori avvocati Paolo Bernasconi, Pierre Christe e Rebecca Peters per la verifica delle traduzioni. - I manoscritti sono stati pazientemente trascritti dalle signore Jacqueline Rohrbach e Silvia Zesiger.

Inhaltsverzeichnis
Table des matières

Table of contents
Indice

Statuten

der

[ ]	AG
[ ]	SA
[ ]	Ltd
[ ]	Inc

I.   Firma, Sitz, Dauer und Zweck

Artikel 1

Unter der Firma[1]

[ ]	AG
[ ]	SA
[ ]	Ltd
[ ]	Inc

besteht eine Aktiengesellschaft gemäss Art. 620 ff. OR mit Sitz in
[   ]. Die Dauer der Gesellschaft ist unbeschränkt.

Artikel 2

Die Gesellschaft bezweckt [   ][2].

---

1.   Verlangt wird deutliche Unterscheidbarkeit von bereits verwendeten Firmen. Das Eidgenössische Handelsregisteramt stellt auf Anfrage hin eine Liste der allenfalls ähnlichen Firmen zu.

2.   Die Zweckumschreibung kann auch bedeutsam sein im Hinblick auf die "wichtigen Gründe" zur Rechtfertigung der Verweigerung der Zustimmung zur Übertragung bei vinkulierten Namenaktien (vgl. Art. 685b Abs. 2 OR); es empfiehlt sich unter diesem Gesichtspunkt eine relativ enge Zweckumschreibung.

Die Gesellschaft kann Zweigniederlassungen und Tochtergesellschaften im In- und Ausland errichten und sich an anderen Unternehmen im In- und Ausland beteiligen.

Die Gesellschaft kann Grundstücke erwerben, halten und veräussern[3].

Die Gesellschaft kann alle kommerziellen, finanziellen und anderen Tätigkeiten ausüben, welche mit dem Zweck der Gesellschaft im Zusammenhang stehen.

II. Aktienkapital und Aktien

Artikel 3

Das Aktienkapital der Gesellschaft beträgt Fr. [   ][4] und ist eingeteilt in [   ] Namenaktien[5] mit einem Nennwert von je Fr. [   ][6]. Die Aktien sind vollständig liberiert[7].

3. Bei ausländisch beherrschten Gesellschaften sind die Schranken der Lex Friedrich (Bundesgesetz über den Erwerb von Grundstücken durch Personen im Ausland, BewG) zu beachten.

4. Neu mindestens Fr. 100 000.-- (Art. 621 OR).

5. Gegebenenfalls (zusätzlich oder ausschliesslich) Inhaberaktien.

6. Bei (weiterhin zulässigen) Stimmrechtsaktien: "... und ist eingeteilt in [   ] Inhaberaktien mit einem Nennwert von je Fr. [   ] und [   ] Namenaktien zu je Fr. [   ] Nennwert (Stimmrechtsaktien)." Stimmrechtsaktien darf neu höchstens die zehnfache Stimmkraft der Stammaktien zukommen.

7. Bei Namenaktien ist eine Teilliberierung zulässig, wobei die Schranken von Art. 632 OR zu beachten sind. Im Falle der Teilliberierung empfiehlt sich folgende Ergänzung: "Jede Aktie ist mit Fr. [   ] liberiert." - Gegebenenfalls Einschub von Bestimmungen zu Sacheinlagen und Sachübernahmen zwischen Art. 3 und Art. 4 (s. Art. 628 OR).

Artikel 4

Die Gesellschaft kann anstelle von einzelnen Aktien Aktien-
zertifikate über mehrere Aktien ausstellen. Das Eigentum oder die
Nutzniessung an einem Aktientitel oder Aktienzertifikat und jede
Ausübung von Aktionärsrechten schliesst die Anerkennung der
Gesellschaftsstatuten in der jeweils gültigen Fassung in sich.

Durch Statutenänderung kann die Generalversammlung jederzeit
Namenaktien in Inhaberaktien oder Inhaberaktien in Namenaktien
umwandeln.

Artikel 5[8]

Der Verwaltungsrat führt ein Aktienbuch, in welches die Eigentümer und Nutzniesser mit Namen und Adresse eingetragen werden. Im Verhältnis zur Gesellschaft wird als Aktionär oder als
Nutzniesser nur anerkannt, wer im Aktienbuch eingetragen ist. Der
Übergang von Aktien bedarf in jedem Falle der Genehmigung
durch den Verwaltungsrat[9].

Die Zustimmung kann aus wichtigen Gründen verweigert werden[10]. Als wichtige Gründe gelten:

8. Art. 5 bezieht sich auf vinkulierte Namenaktien; bei nicht vinkulierten Namenak-
    tien genügt Satz 1; bei Inhaberaktien entfällt dieser Artikel ganz.

9. Zur Verdeutlichung der gesetzlichen Rechtsfolgen (s. Art. 685c OR) allenfalls fol-
    gende Ergänzungen:

    "Solange keine Genehmigung vorliegt, verbleiben das Eigentum an den Aktien
    und alle damit verknüpften Rechte beim Veräusserer.

    Beim Erwerb von Aktien infolge Erbgang, Erbteilung, ehelichem Güterrecht oder
    Zwangsvollstreckung gehen zwar Eigentum und Vermögensrechte sogleich, die
    Mitwirkungsrechte jedoch erst mit der Zustimmung der Gesellschaft auf den Er-
    werber über."

10. Das neue Aktienrecht schränkt die Vinkulierungsmöglichkeiten stark ein. Die im
    Text wiedergegebenen Verweigerungsgründe beziehen sich auf nicht börsen-
    kotierte Namenaktien. Bei börsenkotierten Namenaktien sind die im Gesetz
    abschliessend aufgeführten Vinkulierungsmöglichkeiten (Art. 685d und Art. 4
    SchlBest. OR) etwa wie folgt in die Statuten aufzunehmen:

1.   das Fernhalten von Erwerbern, die ein zum Gesellschaftszweck in Konkurrenz stehendes Unternehmen betreiben, daran beteiligt oder dort angestellt sind;

2.   die Bewahrung der Gesellschaft als selbständiges Unternehmen unter stimmenmässiger Kontrolle der Familie [   ][11];

3.   der Erwerb oder das Halten von Aktien im Namen oder im Interesse Dritter.

Die Zustimmung kann ohne Angabe von Gründen verweigert werden, sofern der Verwaltungsrat die Aktien (für Rechnung der Gesellschaft, bestimmter Aktionäre oder Dritter) zum wirklichen Wert im Zeitpunkt des Gesuches übernimmt.

Die Gesellschaft kann nach Anhörung des Betroffenen Eintragungen im Aktienbuch streichen, wenn diese durch falsche Angaben des Erwerbers zustande gekommen sind. Der Erwerber muss über die Streichung sofort informiert werden.

"Die Zustimmung kann aus folgenden Gründen verweigert werden:

1.   sofern ein Erwerber infolge der Anerkennung als Vollaktionär direkt oder indirekt mehr als drei Prozent der Gesamtzahl der im Handelsregister eingetragenen Namenaktien erwerben oder insgesamt besitzen würde;

2.   soweit und solange die Anerkennung eines Erwerbers als Vollaktionär die Gesellschaft gemäss den ihr zur Verfügung stehenden Informationen daran hindern könnte, den durch Bundesgesetze geforderten Nachweis schweizerischer Beherrschung zu erbringen;

3.   wenn der Erwerber trotz Verlangen der Gesellschaft nicht ausdrücklich erklärt, dass er die Aktien im eigenen Namen und im eigenen Interesse erworben hat und halten wird.

Juristische Personen und Rechtsgemeinschaften, die durch Kapital, Stimmkraft, Leitung oder auf andere Weise miteinander verbunden sind, sowie alle natürlichen oder juristischen Personen und Rechtsgemeinschaften, welche sich durch Absprache, Syndikat oder auf andere Weise im Hinblick auf eine Umgehung der Eintragungsbeschränkung koordiniert vorgehen, gelten in der Anwendung der vorstehenden Ziff. 1 und 2 als ein Erwerber."

11.   Oder ähnliche, die wirtschaftliche Selbständigkeit des Unternehmens näher beschreibende Regelung; insbesondere auch Gefährdung der weiteren Verfolgung des konkreten Gesellschaftszwecks.

III. Organisation der Gesellschaft

Artikel 6

Die Organe der Gesellschaft sind:

A. Generalversammlung
B. Verwaltungsrat
C. Revisionsstelle

A. Generalversammlung

Artikel 7

Oberstes Organ der Gesellschaft ist die Generalversammlung. Ihr stehen folgende unübertragbare Befugnisse zu:

1. Festsetzung und Änderung der Statuten;
2. Wahl und Abberufung der Mitglieder des Verwaltungsrates und der Revisionsstelle;
3. Genehmigung des Jahresberichtes und der Jahresrechnung[12] sowie Beschlussfassung über die Verwendung des Bilanzgewinnes, insbesondere die Festsetzung der Dividende und der Tantième[13];
4. Entlastung der Mitglieder des Verwaltungsrates;
5. Beschlussfassung über die Gegenstände, die der Generalversammlung durch das Gesetz oder die Statuten vorbehalten sind oder ihr durch den Verwaltungsrat[14] vorgelegt werden.

---

12. Sowie gegebenenfalls der Konzernrechnung (s. Art. 663e OR).

13. Siehe hinten Anmerkung 36.

14. Obschon dem Verwaltungsrat in Art. 716a Abs. 1 OR bestimmte grundlegende Aufgaben unübertragbar und unentziehbar zugewiesen sind, kann der Verwaltungsrat Entscheide von grundlegender Tragweite wohl weiterhin der Generalversammlung vorlegen. Ungewiss ist, ob dies auf die Verantwortlichkeit der Mitglieder des Verwaltungsrates einen Einfluss hat.

Artikel 8

Die ordentliche Generalversammlung findet jedes Jahr innerhalb von sechs Monaten nach Abschluss des Geschäftsjahres statt.

Ausserordentliche Generalversammlungen werden einberufen, sooft es notwendig ist, insbesondere in den vom Gesetz vorgesehenen Fällen.

Zu ausserordentlichen Generalversammlungen hat der Verwaltungsrat einzuladen, wenn Aktionäre, die mindestens zehn Prozent des Aktienkapitals vertreten, schriftlich und unter Angabe des Zweckes eine Einberufung verlangen.

Artikel 9

Die Generalversammlung wird durch den Verwaltungsrat, nötigenfalls durch die Revisionsstelle einberufen. Das Einberufungsrecht steht auch den Liquidatoren zu.

Die Generalversammlung wird durch Brief[15] an die Aktionäre einberufen[16], und zwar mindestens zwanzig Tage vor dem Versammlungstag. In der Einberufung sind die Verhandlungsgegenstände sowie die Anträge des Verwaltungsrates und der Aktionäre bekanntzugeben, welche die Durchführung einer Generalversammlung oder die Traktandierung eines Verhandlungsgegenstandes verlangt haben.

Über Gegenstände, die nicht in dieser Weise angekündigt worden sind, können unter dem Vorbehalt der Bestimmungen über die Universalversammlung keine Beschlüsse gefasst werden, ausser über einen Antrag auf Einberufung einer ausserordentlichen Generalversammlung oder auf Durchführung einer Sonderprüfung.

15. Dem Verwaltungsrat steht es frei, die Einladungen eingeschrieben zuzustellen; dies wird sich empfehlen, wenn Spannungen im Aktionärskreis bestehen.

16. Bei Inhaberaktien durch Veröffentlichung im Schweizerischen Handelsamtsblatt.

Dagegen bedarf es zur Stellung von Anträgen im Rahmen der Verhandlungsgegenstände und zu Verhandlungen ohne Beschlussfassung keiner vorherigen Ankündigung.

Die Eigentümer oder Vertreter sämtlicher Aktien können, falls kein Widerspruch erhoben wird, eine Generalversammlung ohne Einhaltung der für die Einberufung vorgeschriebenen Formvorschriften abhalten (Universalversammlung). Solange die Eigentümer oder Vertreter sämtlicher Aktien anwesend sind, kann in dieser Versammlung über alle in den Geschäftskreis der Generalversammlung fallenden Gegenstände verhandelt und gültig Beschluss gefasst werden.

Spätestens zwanzig Tage vor der ordentlichen Generalversammlung sind der Geschäftsbericht und der Revisionsbericht am Sitz der Gesellschaft[17] zur Einsicht der Aktionäre aufzulegen. In der Einberufung zur Generalversammlung ist darauf hinzuweisen.

Artikel 10

Den Vorsitz der Generalversammlung führt der Präsident, bei dessen Verhinderung ein anderes Mitglied des Verwaltungsrates oder ein anderer von der Generalversammlung gewählter Tagespräsident.

Der Vorsitzende bezeichnet den Protokollführer und die Stimmenzähler, die nicht Aktionäre sein müssen.

Der Verwaltungsrat sorgt für die Führung der Protokolle, die vom Vorsitzenden und vom Sekretär des Verwaltungsrates zu unterzeichnen sind.

---

17. Nach neuem Recht aber nicht mehr bei allfälligen Zweigniederlassungen (s. Art. 696 Abs. 1 OR).

Artikel 11

Jede Aktie berechtigt zu einer Stimme[18].

Jeder Aktionär kann sich in der Generalversammlung durch einen anderen Aktionär[19], der sich durch eine schriftliche Vollmacht ausweist, vertreten lassen.

Die Generalversammlung fasst ihre Beschlüsse und vollzieht ihre Wahlen mit der absoluten Mehrheit der vertretenen Aktienstimmen[20], soweit nicht das Gesetz[21] oder die Statuten[22] abweichende Bestimmungen enthalten.

Kommt bei Wahlen im ersten Wahlgang die Wahl nicht zustande, findet ein zweiter Wahlgang statt, in dem das relative Mehr entscheidet[23].

18.   Bei Aktien mit unterschiedlichen Nennwerten führt diese Bestimmung zu Stimmrechtsaktien.

Sofern Statuten von Publikumsgesellschaften eine Prozentklausel vorsehen (s. Anmerkung 10), empfiehlt sich zusätzlich eine Stimmbegrenzungsklausel, etwa nach folgendem Muster:

"Bei der Ausübung des Stimmrechts kann kein Aktionär für eigene und vertretene Aktien zusammen mehr als drei Prozent des gesamten Aktienkapitals direkt oder indirekt auf sich vereinigen. Zugunsten von Organ- und Depotvertretern kann der Verwaltungsrat abweichende Regeln erlassen.

Juristische Personen und Rechtsgemeinschaften, die untereinander kapital- und stimmenmässig, durch einheitliche Leitung oder auf ähnliche Weise zusammengefasst sind, gelten in bezug auf die Stimmabgabe als ein Aktionär."

19.   Gegebenenfalls Vertretung durch eine Person, die nicht Aktionär zu sein braucht.

20.   Also die Hälfte der insgesamt vertretenen Aktienstimmen plus eine Aktienstimme; z.B. $(300 : 2) + 1 = 151$ Aktienstimmen.

21.   Siehe Art. 704 Abs. 1 OR.

22.   Die Statuten können auch weiterhin für bestimmte Beschlüsse qualifizierte Quoten vorsehen (s. als Beispiel vorn Art. 4 Abs. 2). Ebenso zulässig sind statutarische Präsenzquoren für die Beschlussfähigkeit der Generalversammlung, obwohl Präsenzquoren auf Gesetzesstufe gänzlich entfallen sind.

23.   Gewählt ist, wer am meisten Stimmen auf sich vereinigt (ohne Rücksicht auf die Gesamtzahl der auf andere Kandidaten entfallenden Aktienstimmen).

Der Vorsitzende hat keinen Stichentscheid[24].

Die Wahlen und Abstimmungen finden offen statt, sofern nicht der Vorsitzende oder einer der Aktionäre verlangt, dass sie geheim erfolgen.

Artikel 12

Ein Beschluss der Generalversammlung, der mindestens zwei Drittel der vertretenen Aktienstimmen und die absolute Mehrheit der vertretenen Aktiennennwerte auf sich vereinigt, ist erforderlich für[25]:

1. die Erleichterung oder Aufhebung der Beschränkung der Übertragbarkeit der Namenaktien;
2. die Umwandlung von Namenaktien in Inhaberaktien[26];
3. die Auflösung der Gesellschaft mit Liquidation.

24. Diese Bestimmung entspricht der dispositiven gesetzlichen Regelung. Der Stichentscheid des Vorsitzenden (und damit in der Regel des Präsidenten des Verwaltungsrates) kann jedoch durch Statutenbestimmung eingeräumt werden. Im Rahmen des Verwaltungsrates gilt die umgekehrte Ordnung: Schweigen die Statuten, so kommt dem Präsidenten der Stichentscheid zu; dieser kann aber statutarisch wegbedungen werden (s. Art. 713 Abs. 1 OR).

25. Als mögliche Ergänzungen zu den von den gesetzlichen Quorumsvorschriften gemäss Art. 704 Abs. 1 OR erfassten Fällen. Dabei ist gemäss Art. 704 Abs. 2 OR zu beachten, dass statutarische Quorumsvorschriften nur mit dem vorgesehenen Mehr eingeführt werden können.

26. Damit der Vinkulierungsschutz nicht zu leicht beseitigt werden kann. Bei Nennwertunterschieden ist Art. 623 Abs. 2 OR zu beachten.

B.   Verwaltungsrat

Artikel 13[27]

Der Verwaltungsrat besteht aus einem oder mehreren Mitgliedern. Er wird in der Regel in der ordentlichen Generalversammlung und jeweils für die Dauer von einem Jahr gewählt. Die Amtsdauer der Mitglieder des Verwaltungsrates endet mit dem Tag der nächsten ordentlichen Generalversammlung[28]. Vorbehalten bleiben vorheriger Rücktritt oder Abberufung. Neue Mitglieder treten in die Amtsdauer derjenigen ein, die sie ersetzen.

Die Mitglieder des Verwaltungsrates sind jederzeit wieder wählbar.

Der Verwaltungsrat konstituiert sich selbst. Er bezeichnet seinen Präsidenten und den Sekretär, der nicht Mitglied des Verwaltungsrates sein muss[29].

Artikel 14

Dem Verwaltungsrat obliegt die oberste Leitung der Gesellschaft und die Überwachung der Geschäftsführung. Er vertritt die Gesellschaft nach aussen und besorgt alle Angelegenheiten, die nicht nach Gesetz, Statuten oder Reglement einem anderen Organ der Gesellschaft übertragen sind.

---

27. Das gesetzliche Erfordernis der Pflichtaktien ist weggefallen. Aktionärseigenschaft ist weiterhin Voraussetzung für den Amtsantritt des Verwaltungsrates gemäss unverändertem Art. 707 Abs. 2 OR (Qualifikationsaktie).

28. Bei mehrjähriger Amtsdauer empfiehlt sich die Formulierung: "Die Amtsdauer der Mitglieder des Verwaltungsrates dauert so lange, bis die Generalversammlung eine Neu- oder Bestätigungswahl vorgenommen hat."

29. Die Wahl des Präsidenten, nicht aber die Besetzung anderer Chargen, kann durch Statutenbestimmung der Generalversammlung vorbehalten werden (s. Art. 712 Abs. 2 OR).

Der Verwaltungsrat kann die Geschäftsführung oder einzelne Teile derselben an eine oder mehrere Personen, Mitglieder des Verwaltungsrates oder Dritte, die nicht Aktionäre sein müssen, übertragen. Er erlässt das Organisationsreglement und ordnet die entsprechenden Vertragsverhältnisse[30].

Der Verwaltungsrat hat folgende unübertragbare und unentziehbare Aufgaben:

1. Oberleitung der Gesellschaft und Erteilung der nötigen Weisungen;
2. Festlegung der Organisation;
3. Ausgestaltung des Rechnungswesens, der Finanzkontrolle sowie der Finanzplanung[31];
4. Ernennung und Abberufung der mit der Geschäftsführung und der Vertretung[32] betrauten Personen und Regelung der Zeichnungsberechtigung;
5. Oberaufsicht über die mit der Geschäftsführung betrauten Personen, namentlich im Hinblick auf die Befolgung der Gesetze, Statuten, Reglemente und Weisungen;
6. Erstellung des Geschäftsberichtes sowie Vorbereitung der Generalversammlung und Ausführung ihrer Beschlüsse;
7. Benachrichtigung des Richters im Falle der Überschuldung;
8. Beschlussfassung über die nachträgliche Leistung von Einlagen auf nicht vollständig liberierte Aktien;
9. Beschlussfassung über die Feststellung von Kapitalerhöhungen und daraus folgende Statutenänderungen;

---

30. Ein Organisationsreglement ist immer dann erforderlich, wenn die Geschäftsführung des Verwaltungsrates ganz oder zum Teil delegiert wird (s. Art. 716b OR). Die Rechtsverhältnisse zwischen der Gesellschaft und den einzelnen Verwaltungsratsmitgliedern oder Dritten, denen Kompetenzen übertragen werden, sind zudem vertraglich zu regeln.

31. Sofern eine Finanzplanung für die Führung der Gesellschaft notwendig ist (Art. 716a Abs. 1 Ziff. 3 OR).

32. Nach dispositivem Gesetzesrecht kommt neu jedem Mitglied des Verwaltungsrates Einzelvertretungsbefugnis zu (Art. 718 Abs. 1 OR). Entsprechende Einschränkungen, insbesondere Kollektivzeichnungsberechtigung zu zweien, sind im Organisationsreglement zu regeln.

10. Prüfung der fachlichen Voraussetzungen der besonders befähigten Revisoren für die Fälle, in welchen das Gesetz den Einsatz solcher Revisoren vorsieht[33].

Artikel 15

Sitzungsordnung, Beschlussfähigkeit (Präsenz) und Beschlussfassung des Verwaltungsrates richten sich nach dem Organisationsreglement[34].

Der Vorsitzende hat den Stichentscheid[35].

Über die Verhandlungen und Beschlüsse des Verwaltungsrates ist ein Protokoll zu führen. Das Protokoll ist vom Vorsitzenden und vom Sekretär des Verwaltungsrates zu unterzeichnen.

Artikel 16

Die Mitglieder des Verwaltungsrates haben Anspruch auf Ersatz ihrer im Interesse der Gesellschaft aufgewendeten Auslagen sowie auf eine ihrer Tätigkeit entsprechende Entschädigung, die der Verwaltungsrat selbst festlegt[36].

33. Siehe dazu Art. 727b Abs. 1, 731a Abs. 1, 732 Abs. 2, 745 Abs. 3, 653f Abs. 1 und 653i Abs. 1 OR sowie die Verordnung über die fachlichen Anforderungen an besonders befähigte Revisoren vom 15. Juni 1992 (SR 221.302), insbesondere Art. 3 Abs. 1.

34. Rein deklaratorische Bestimmung. Gemäss dispositiver gesetzlicher Ordnung fasst der Verwaltungsrat seine Beschlüsse mit der Mehrheit der abgegebenen Stimmen und können Beschlüsse auf dem Zirkulationsweg gefasst werden, sofern kein Mitglied mündliche Beratung verlangt.

35. Siehe Anmerkung 24. Eine statutarische Wegbedingung des Stichentscheides kann sich bei Gesellschaften empfehlen, bei denen die Aktien zu gleichen Teilen gehalten werden und eine Pattsituation im Verwaltungsrat bestehen soll (z.B. 50 : 50 Joint Ventures).

36. Entschädigung geht zu Lasten der Erfolgsrechnung, im Gegensatz zur Tantième nach Art. 7 Ziff. 3, die eine echte Gewinnverwendung darstellt (Steuerfolgen).

C. Revisionsstelle

Artikel 17

Die Generalversammlung wählt jedes Jahr eine oder mehrere natürliche oder juristische Personen als Revisionsstelle im Sinne von Art. 727 ff. OR mit den im Gesetz festgehaltenen Rechten und Pflichten.

IV. Jahresrechnung und Gewinnverteilung

Artikel 18

Das Geschäftsjahr beginnt am 1. Januar und endet am 31. Dezember, erstmals am 31. Dezember [   ][37].

Die Jahresrechnung, bestehend aus der Erfolgsrechnung, der Bilanz und dem Anhang[38], wird gemäss den Vorschriften des Schweizerischen Obligationenrechts, insbesondere der Art. 662a ff., sowie nach den allgemein anerkannten kaufmännischen und branchenüblichen Grundsätzen aufgestellt.

Artikel 19

Unter Vorbehalt der gesetzlichen Vorschriften über die Gewinnverteilung, insbesondere Art. 671 ff. OR, steht der Bilanzgewinn zur Verfügung der Generalversammlung.

---

37. Das Geschäftsjahr muss nicht notwendigerweise in den Statuten festgelegt werden.

38. Sowie gegebenenfalls der Konzernrechnung (s. Art. 663e OR).

Artikel 20

Die Ausrichtung von Tantièmen an Mitglieder des Verwaltungsrates richtet sich nach den Vorschriften des Art. 677 OR.

V. Auflösung und Liquidation

Artikel 21

Die Generalversammlung kann jederzeit die Auflösung und Liquidation der Gesellschaft nach Massgabe der gesetzlichen und statutarischen Vorschriften beschliessen.

Die Liquidation wird durch den Verwaltungsrat durchgeführt, sofern sie nicht durch die Generalversammlung anderen Personen übertragen wird.

Die Liquidation der Gesellschaft erfolgt nach Massgabe der Art. 742 ff. OR. Die Liquidatoren sind ermächtigt, Aktiven (Grundstücke eingeschlossen) auch freihändig zu verkaufen.

Nach erfolgter Tilgung der Schulden wird das Vermögen unter die Aktionäre nach Massgabe der eingezahlten Beträge verteilt.

VI. Mitteilungen und Bekanntmachungen

Artikel 22

Einberufungen und Mitteilungen an die Aktionäre erfolgen durch Brief an die im Aktienbuch verzeichneten Adressen[39].

---

39. Bei Inhaberaktien durch Veröffentlichung im Schweizerischen Handelsamtsblatt.

Bekanntmachungen an die Gläubiger erfolgen in den vom Gesetz vorgeschriebenen Fällen durch Veröffentlichung im Schweizerischen Handelsamtsblatt, dem Publikationsorgan der Gesellschaft.

[   ], den [   ]

Anhänge

I. Genehmigtes Aktienkapital[40]

Art. 3a

Der Verwaltungsrat ist ermächtigt, bis zum [   ][41] das Aktienkapital durch Ausgabe von höchstens [   ] vollständig zu liberierenden Inhaberaktien mit einem Nennwert von je Fr. [   ] und höchstens [   ] vollständig zu liberierenden Namenaktien mit einem Nennwert von je Fr. [   ][42] im Maximalbetrag von Fr. [   ][43] zu erhöhen. Erhöhungen auf dem Wege der Festübernahme sowie Erhöhungen in Teilbeträgen sind gestattet. Die neuen Namenaktien unterliegen nach dem Erwerb den Übertragungsbeschränkungen gemäss Art. 5 der Statuten. Der jeweilige Ausgabebetrag, der Zeitpunkt der Dividendenberechtigung und die Art der Einlagen werden vom Verwaltungsrat bestimmt.

Der Verwaltungsrat ist berechtigt, das Bezugsrecht der Aktionäre auszuschliessen und Dritten zuzuweisen, wenn solche neuen Aktien für die Übernahme von Unternehmen durch Aktientausch oder zur Finanzierung des Erwerbes von Unternehmen oder Unternehmensteilen oder neuen Investitionsvorhaben der Gesellschaft

40. Die Statutenbestimmungen zum genehmigten Aktienkapital sind in erster Linie für Publikumsgesellschaften gedacht. Im Gegensatz zum bedingten Kapital wird aber das genehmigte Kapital wohl auch bei kleinen Aktiengesellschaften Verwendung finden.

    Wird ein genehmigtes Kapital geschaffen, so empfiehlt es sich, Art. 14 Abs. 3 Ziff. 9 der Grundfassung wie folgt zu ergänzen: "Beschlussfassung über die Erhöhung des Aktienkapitals, soweit diese in der Kompetenz des Verwaltungsrates liegt (Art. 651 Abs. 4 OR), sowie über die Feststellung von Kapitalerhöhungen und daran anschliessende Statutenänderungen."

41. Höchstens zwei Jahre (Art. 651 Abs. 1 OR), gerechnet ab Eintragung der statutarischen Grundlage im Handelsregister.

42. Gegebenenfalls als Stimmrechtsaktien (vgl. vorn Anmerkung 6).

43. Höchstens die Hälfte des bisherigen Aktienkapitals (Art. 651 Abs. 2 OR); bei Erhöhung des Aktien- und des Partizipationskapitals insgesamt höchstens die Hälfte der Summe des bisherigen Aktien- und Partizipationskapitals (Art. 656b Abs. 4 OR).

oder für die Beteiligung von Mitarbeitern verwendet werden sollen[44]. Aktien, für welche Bezugsrechte eingeräumt, aber nicht ausgeübt werden, sind von der Gesellschaft zu Marktkonditionen zu veräussern.

44. Inwieweit die "wichtigen Gründe" gemäss Art. 652b OR - im Gegensatz zur ordentlichen Kapitalerhöhung - in den Statuten selbst im einzelnen anzugeben sind, ist noch nicht klar. Was wichtige Gründe sind, dürfte insbesondere auch von der konkreten Situation der einzelnen Gesellschaft abhängen.

II. Bedingtes Aktienkapital[45]

Art. 3b

Das Aktienkapital der Gesellschaft wird durch Ausgabe von höchstens [　] vollständig zu liberierenden Inhaberaktien mit einem Nennwert von je Fr. [　] und höchstens [　] vollständig zu liberierenden Namenaktien mit einem Nennwert von je Fr. [　][46] im Maximalbetrag von Fr. [　][47] erhöht durch Ausübung von Options- oder Wandelrechten, welche deren Inhabern in Verbindung mit Anleihensobligationen der Gesellschaft oder einer ihrer Tochtergesellschaften eingeräumt werden[48]. Das Bezugsrecht der Aktionäre ist bezüglich dieser Aktien ausgeschlossen. Der Erwerb von Namenaktien durch die Ausübung von Options- oder Wandelrechten unterliegt den Übertragungsbeschränkungen gemäss Art. 5 der Statuten.

Für diejenigen Wandel- oder Optionsanleihen, welche gemäss Beschluss des Verwaltungsrates den Aktionären nicht vorweg zur Zeichnung angeboten werden, gilt folgendes:

1. der Emissionserlös solcher Wandel- oder Optionsanleihen darf nur zur Finanzierung des Erwerbes von Unternehmen oder Unternehmensteilen oder neuer Investitionsvorhaben der Gesellschaft oder einer Tochtergesellschaft verwendet werden[49];

---

45. Statutenbestimmungen zum bedingten Kapital werden wohl nur bei Publikumsgesellschaften in Betracht kommen.

46. Gegebenenfalls als Stimmrechtsaktien (vgl. vorn Anmerkung 6).

47. Höchstens die Hälfte des bisherigen Aktienkapitals (Art. 653a Abs. 1 OR); bei Erhöhung des Aktien- und des Partizipationskapitals insgesamt höchstens die Hälfte der Summe des bisherigen Aktien- und Partizipationskapitals (Art. 656b Abs. 4 OR).

48. Das bedingte Kapital kann ferner für eine Mitarbeiterbeteiligung eingesetzt werden (s. Art. 653 Abs. 1 OR).

49. Die "wichtigen Gründe" des Ausschlusses des Vorwegzeichnungsrechts (Art. 653c Abs. 2 OR) müssen nicht zwingend in die Statuten aufgenommen werden; sie können den Aktionären auch an oder vor der Generalversammlung in anderer verbindlicher Form mitgeteilt werden. Die hier genannten Gründe lehnen sich an

2. Optionsrechte zum Bezug von Aktien dürfen höchstens während fünf Jahren und Wandelrechte höchstens während zehn Jahren ab Emission der betreffenden Anleihe ausübbar sein[50];

3. Ausgabe der Options- oder Wandelanleihe zu Marktkonditionen in bezug auf Zinssatz und Ausübungspreis zum Erwerb der mit der Anleihe verbundenen neuen Aktien[51].

die in Art. 652b Abs. 2 OR genannten wichtigen Gründe an.

50. Bei Ausschluss des Vorwegzeichnungsrechtes sind in den Statuten die Voraussetzungen für die Ausübung der Wandel- und Optionsrechte anzugeben (Art. 653b Abs. 2 Ziff. 1 OR).

51. Bei Ausschluss des Vorwegzeichnungsrechtes sind in den Statuten zudem die Grundlagen, nach denen der Ausgabebetrag zu berechnen ist, anzugeben (Art. 653b Abs. 2 Ziff. 2 OR).

III. Partizipationskapital[52]

Art. 3c[53]

Das Partizipationskapital der Gesellschaft beträgt Fr. [   ] und ist eingeteilt in [   ] auf den Inhaber[54] lautende Partizipationsscheine mit einem Nennwert von je Fr. [   ][55]. Die Partizipationsscheine sind vollständig liberiert[56].

Die Partizipationsscheine gewähren nach Massgabe des Nennwertes den gleichen Anspruch auf den entsprechenden Anteil am Bilanzgewinn und am Liquidationsergebnis und die gleichen Bezugsrechte wie die Aktien[57]; dagegen verleihen sie kein Stimmrecht und keine mit diesem zusammenhängende Rechte[58].

Werden das Aktien- und das Partizipationskapital gleichzeitig und im gleichen Verhältnis erhöht, so steht den Aktionären ausschliesslich ein Bezugsrecht auf Aktien und den Partizipanten ausschliesslich ein solches auf Partizipationsscheine zu. Im übrigen gilt Art. 656g OR.

52. Ein Partizipationskapital ist auch bei privaten Aktiengesellschaften möglich. Partizipationsscheine können nach neuem Recht nur noch in den vom Gesetz vorgesehenen Kapitalerhöhungsformen (ordentliche, genehmigte oder bedingte Kapitalerhöhung) ausgegeben werden (s. Art. 656a Abs. 2 und Art. 656b Abs. 5 OR). Bei Schaffung eines Partizipationskapitals ist der Titel II der Grundfassung entsprechend anzupassen.

53. Möglich ist auch eine Eingliederung direkt in Art. 3.

54. Möglich sind auch Namen-Partizipationsscheine.

55. Das Partizipationskapital darf das Doppelte des Aktienkapitals nicht übersteigen (Art. 656b Abs. 1 OR). Für das Partizipationskapital sind kein Mindestkapital und keine Mindestgesamteinlage vorgeschrieben (Art. 656b Abs. 2 OR); hingegen muss die Einlage auch hier mindestens zwanzig Prozent des Nennwertes betragen.

56. Teilliberierung ist nur bei Namen-Partizipationsscheinen zulässig.

57. Bestehen mehrere Aktienkategorien, so ist in den Statuten festzuhalten, welcher Kategorie die Partizipationsscheine (vermögensrechtlich) gleichgestellt sind (Art. 656f Abs. 2 OR).

58. Mögliche Varianten zum letzten Satzteil sind die hinten bei Anmerkung 61 ff. angeführten Bestimmungen.

Die gesetzlichen und statutarischen Bestimmungen über das Aktienkapital, die Aktie und den Aktionär gelten auch für das Partizipationskapital, den Partizipationsschein und den Partizipanten, soweit das Gesetz und die Statuten nichts anderes vorsehen.

Art. 9 Abs. 3[59]

Die Einberufung der Generalversammlung samt den Verhandlungsgegenständen und Anträgen ist den Partizipanten mindestens zwanzig Tage vor dem Versammlungstag durch Veröffentlichung im Schweizerischen Handelsamtsblatt bekanntzugeben. In der Bekanntgabe ist darauf hinzuweisen, dass die von der Generalversammlung gefassten Beschlüsse nach der Generalversammlung am Sitz der Gesellschaft und bei den eingetragenen Zweigniederlassungen[60] zur Einsicht der Partizipanten aufgelegt werden.

---

59. Einschub zwischen Absätze 2 und 3 des Art. 9 in der Grundfassung.

60. Allenfalls hat der Gesetzgeber den Gegensatz zu Art. 696 Abs. 1 OR (Auflage nur am Gesellschaftssitz selbst) nicht gewollt.

Art. 3c Abs. 2 a.E.[61]

Die Partizipanten haben das gleiche Recht auf Auskunft und auf Einsicht wie die Aktionäre[62].

Art. 8 Abs.3[63]

Zu ausserordentlichen Generalversammlungen hat der Verwaltungsrat einzuladen, wenn es von Aktionären, die mindestens zehn Prozent des Aktienkapitals vertreten, oder von Partizipanten, die mindestens zehn Prozent des Partizipationskapitals vertreten, schriftlich und unter Angabe des Zweckes verlangt wird.

Art. 11 Abs. 7[64]

Die Partizipanten sind berechtigt, an ordentlichen und ausserordentlichen Generalversammlungen teilzunehmen[65]. Jeder teilnehmende Partizipant kann Anträge im Rahmen der Verhandlungsgegenstände stellen und sich an der Diskussion beteiligen; hingegen kommt ihm kein Stimmrecht zu.

61.   Die folgenden Bestimmungen sind Vorschläge für den Fall, dass die Gesellschaft den Partizipanten entsprechende Mitwirkungsrechte zusprechen will (vgl. Art. 656c OR; ohne Anspruch auf Vollständigkeit; als Variante zu Art. 3c Abs. 2 letzter Satzteil). Es handelt sich dabei nicht um ein Richtmass der den Partizipanten einzuräumenden Rechte. - Hinzuweisen ist ferner darauf, dass das Erfordernis der Zustimmung einer Sonderversammlung der Partizipanten zu einer Beschränkung oder Aufhebung statutarischer Mitwirkungsrechte (Art. 656f Abs. 4 OR) in den Statuten wegbedungen werden kann.

62.   Falls den Partizipanten diese Rechte nicht gewährt werden, ist Art. 656c Abs. 3 OR Rechnung zu tragen.

63.   Siehe Anmerkung 61.

64.   Siehe Anmerkung 61.

65.   In diesen Fällen ist auch die Einberufung der Partizipanten statutarisch zu regeln. Dies kann durch Anpassung von Art. 9 Abs. 2 Satz 1 der Grundfassung erfolgen: "Die Aktionäre werden durch Brief, die Partizipanten durch Publikation im Schweizerischen Handelsamtsblatt einberufen, und zwar je mindestens zwanzig Tage vor dem Versammlungstag."

Art. 12 Abs. 3[66]

Die Partizipanten haben Anspruch auf Wahl eines[67] Vertreters in den Verwaltungsrat[68]. Der Partizipantenvertreter muss Partizipant, nicht aber Aktionär sein.

---

66. Siehe Anmerkung 61.

67. Gegebenenfalls Anspruch auf mehrere Sitze.

68. Gegebenenfalls statutarische Regelung des Vorschlags- und Wahlverfahrens.

Articles of Incorporation

of

[	] Ltd
[	] Inc
[	] AG
[	] SA

I.   Corporate name, domicile, duration and object

Article 1

Under the corporate name of[1]

[	] Ltd
[	] Inc
[	] AG
[	] SA

there exists a Corporation pursuant to art. 620 et seq. of the Swiss Code of Obligations (hereinafter "CO") with domicile in [   ]. The duration of the Corporation is unlimited.

Article 2

The purpose of the Corporation is to [   ][2].

1.   A clear distinction from corporation names already used is required. Upon request, the Federal Register of Commerce Office provides a list of any existing similar corporate names.

2.   The description of the corporate purpose may also be significant in the light of the "important reasons" which can justify a refusal to approve the transfer of registered shares which are subject to transfer restrictions (cf. art. 685b para. 2 CO). From this point of view, it is recommended to foresee a relatively restrictive

The Corporation may open branches and subsidiaries in Switzerland and abroad, and may acquire participations in other companies, either in Switzerland or abroad.

The Corporation may acquire, hold, and sell real estate[3].

The Corporation may also engage in and carry out any commercial, financial or other activities which are related to the purpose of the Corporation.

II. Share capital and shares

Article 3

The share capital of the Corporation amounts to Fr. [   ][4] and is divided into [   ] registered shares[5] with a par value[6] of Fr. [   ] per share. The share capital is fully paid-in[7].

        description of the purpose.

3.   In the case of foreign controlled corporations, the limitations under the Lex Friedrich (Federal Law on the Acquisition of Real Estate by Nonresidents) must be borne in mind.

4.   Currently, a minimum of Fr. 100 000.-- (art. 621 CO).

5.   Bearer shares can be foreseen in addition to or instead of the registered shares.

6.   In the case of shares with privileged voting rights which are still admissible): "...and is divided into [   ] bearer shares with a par value of Fr. [ ] and [   ] registered shares (shares with privileged voting rights) with a par value of Fr. [ ] per share. Shares with privileged voting rights may currently only be granted a maximum of ten times the voting power of the ordinary shares.

7.   Partially paid-in registered shares are admissible within the limitations foreseen under art. 632 CO. Should the shares only be partially paid-in, the following additional language is recommended": Each share is paid-in to the extent of Fr. [   ]. If need be, provisions regarding contributions in kind and acquisitions of assets may be inserted between art. 3 and art. 4 (see art. 628 CO).

Article 4

The Corporation is entitled to issue share certificates which represent one or more shares in lieu of certificates for individual shares. The ownership or the usufruct of a share title, or share certificate and each exercise of shareholders' rights automatically entails recognition of the version of the Articles of Incorporation then in force.

The Shareholders Meeting may, at any time, convert registered shares into bearer shares or bearer shares into registered shares through an amendment to the Articles of Incorporation.

Article 5[8]

The Board of Directors shall maintain a shareholders' register in which the names and addresses of the owners and usufructuaries are to be entered. Only those registered in the shareholders' register shall be recognized as shareholders or usufructuaries vis-à-vis the Corporation. The transfer of shares is in every case subject to the approval by the Board of Directors[9].

The approval may be refused for important reasons[10]. The follow-

---

8. Art. 5 is foreseen for registered shares subject to transfer restrictions; if the shares are not subject to such restrictions, the first sentence suffices. In the case of bearer shares, this article is to be omitted in its entirety.

9. In order to clarify the legal consequences (see art. 685c CO), the following can be added:

    "As long as no approval is obtained, the ownership of the shares and all rights related thereto shall remain with the seller.

    If shares are acquired by means of inheritance, division of an estate, matrimonial property law or execution proceedings, both the ownership and pecuniary rights shall be transferred immediately; only the transfer of the participatory rights shall be subject to the approval of the Corporation."

10. The new corporation law limits transfer restrictions to a great extent. The grounds for refusal given in the text are foreseen for registered shares which are not listed on a stock exchange. For shares which are listed on a stock exchange, the cases in which transfer restrictions are admissible are set forth in the law (art. 685d and art. 4 Final Provisions CO) and should be listed in the Articles of Incorporation

ing constitute important reasons:

1. the exclusion of acquirers who manage, own shares in or are employed by an enterprise which competes with the purpose of the Corporation.
2. the preservation of the Corporation as an independent enterprise under the voting control of the family [   ]^{11};
3. the acquisition or the holding of shares in the name or in the interests of third parties.

Approval may be refused without the giving of reasons therefor, if the Board of Directors acquires the shares (for the account of the Corporation, certain shareholders, or third parties) at their actual value at the time of the request for approval.

The Corporation may, after consulting with the affected shareholder, cancel entries in the shareholders' register if such entry was made based on untrue information given by the acquirer. The acquirer shall be informed of the cancellation immediately.

approximately as follows:

"Approval can be refused for the following reasons:

1. should an acquirer, upon recognition as a full shareholder, directly or indirectly acquire or hold more than three percent of the total amount of registered shares entered in the Register of Commerce;

2. should the recognition of an acquirer as a full shareholder prevent the Corporation, pursuant to the information at its disposal, from providing evidence of Swiss domination as is required by federal laws;

3. should the acquirer, despite such demand by the Corporation, not certify that it has acquired and shall hold the shares in its own name and interests.

Legal entities and legal communities which are bound by capital, voting power, direction or in another manner as well as all persons or legal entities which coordinate their actions by agreement, union, or in any other manner in order to elude the transfer restrictions are to be considered as an acquirer when applying sections 1 and 2 hereinabove."

11. Or, similar provisions which describe the economic independence of the enterprise more precisely; also, and in particular, the endangerment to the continued pursuit of the concrete purpose of the Corporation.

III. Organization of the Corporation

Article 6

The executive organs of the Corporation are

A.   the Shareholders Meeting
B.   the Board of Directors
C.   the Auditors

A. The Shareholders Meeting

Article 7

The Shareholders Meeting is the supreme executive organ of the Corporation. It has the following non-transferable powers:

1.   to adopt and amend the Articles of Incorporation;
2.   to elect and recall the members of the Board of Directors and the Auditors;
3.   to approve the annual report and the annual accounts[12] as well as to pass resolutions regarding the allocation of profits as shown on the balance sheet, in particular to set the dividends and bonus payments to members of the Board of Directors[13];
4.   to discharge the members of the Board of Directors;
5.   to pass resolutions regarding issues which are reserved to the Shareholders Meeting by law or by the Articles of Incorporation or which are presented to it by the Board of Directors[14].

---

12.   As well as, if need be, the consolidated accounts (see art. 663e CO).

13.   See hereunder footnote 36.

14.   Although the Board of Directors is entrusted under art. 716a para. 1 CO with certain essential tasks which are irrevocable and non-transferable, it may continue to submit resolutions of particular importance to the Shareholders Meeting. It is unclear whether this shall influence issues regarding the liability of the Board Members.

Article 8

The ordinary Shareholders Meeting shall take place annually within six months after the close of the business year.

Extraordinary Shareholders Meetings shall be called as often as necessary, in particular, in all cases required by law.

Extraordinary Shareholders Meetings shall be convened by the Board of Directors if shareholders representing at least ten percent of the share capital demand the same in writing, setting forth the purpose therefore.

Article 9

Shareholders Meetings shall be called by the Board of Directors and, if need be, by the Auditors. The liquidators shall also be entitled to call a Shareholders Meeting.

The convening of the Shareholders Meeting shall take place by mail[15] to the shareholders[16] at least twenty days prior to the day of the meeting. The convening letter shall state the agenda as well as the proposals of the Board of Directors and the proposals of the shareholders who have requested the Shareholders Meeting or that an item be included on the agenda.

Subject to the provisions concerning the Universal Shareholders Meeting, no resolutions can be passed regarding matters which have not been announced in this manner, except regarding the proposals to convene an extraordinary Shareholders Meeting or to carry out a special audit. Discussions not followed by resolutions

15. The Board of Directors remains free to send the invitations by registered mail; this is recommended when there is tension between the shareholders.

16. In the case of bearer shares, by publication in the Swiss Official Journal of Commerce.

or proposals regarding items on the agenda do not need to be announced in advance.

The owners or representatives of all the shares may, if no objection is raised, hold a Shareholders Meeting without observing the formal requirements for the convening of the Shareholders Meeting (Universal Shareholders Meeting). As long as the owners or representatives of all the shares are present, all subjects falling within the scope of business of the Shareholders Meeting may be validly discussed and decided upon at such meeting.

The annual business report and the auditors' report must be submitted for examination by the shareholders at the head office of the Corporation[17] at least twenty days prior to the date of the ordinary Shareholders Meeting. Reference thereto shall be included in the invitation to the Shareholders Meeting.

Article 10

The Shareholders Meeting shall be chaired by the Chairman, or, in his absence, by another member of the Board of Directors or by another Chairman elected for that day by the Shareholders Meeting.

The Chairman designates a secretary for the minutes and for counting the votes who need not be a shareholder.

The Board of Directors is responsible for the keeping of the minutes, which are to be signed by the Chairman and by the Secretary of the Board of Directors.

---

17.   Under the new law, presentation at the branch offices, if any, is no longer required (see art. 696 para. 1 CO).

Article 11

Each share entitles to one vote[18].

Each shareholder may be represented at the Shareholders Meeting by another shareholder[19] who is authorized by a written proxy.

The Shareholders Meeting shall pass its resolutions and carry out its elections upon an absolute majority of the share votes represented[20], to the extent that neither the law[21] nor the Articles of Incorporation[22] provide otherwise.

If an election cannot be completed upon the first ballot, there shall be a second ballot at which the relative majority shall decide[23].

18. In the case of shares with different par values, this provision leads to shares with privileged voting rights.

    To the extent that articles of incorporation of public companies foresee a percentage clause (cf. footnote 10), it is recommended to include a vote limitation clause such as the following:

    "When exercising voting rights, no one shareholder may, with his own shares and the shares he represents, directly or indirectly accumulate more than three percent of the entire share capital. The Board of Directors may resolve exceptions in favour of executive organs which are authorized to represent shares and of representatives of deposited shares.

    Legal entities and communities which are bound by capital and voting power, by consolidated management or in another similar manner, are deemed as a shareholder with respect to voting.

19. Or, representation by a person who need not be a shareholder.

20. In other words, half of all the represented share votes plus one share vote; for example $(300 : 2) + 1 = 151$ share votes.

21. See, in particular, art. 704 para. 1 CO.

22. The Articles of Incorporation may still foresee that special majorities are required for certain decisions (cf. as an example hereinabove art. 4 para. 2). Presence quorums foreseen in the Articles of Incorporation are also admissible even though such quorums are no longer required by law.

23. The person who garners the most votes is elected (irrespective of the total number of votes garnered by other candidates).

The Chairman shall have no casting vote[24].

Elections and votes shall take place openly provided that neither the Chairman nor one of the shareholders requests a secret ballot.

Article 12

A resolution of the Shareholders Meeting which garners at least two thirds of the represented share votes as well as the majority of the represented share par values is required for[25]:

1. the alleviating or withdrawal of limitations upon the transfer of registered shares;
2. the converting of registered shares into bearer shares[26];
3. the dissolution of the Corporation followed by liquidation.

24. This provision complies with the non-compulsory legal provisions. The casting vote of the chairman (and, usually therewith that of the Chairman of the Board of Directors) can still be foreseen in the Articles of Incorporation. For the Board of Directors the rule is the opposite one: if the Articles of Incorporation do not mention this issue, then the Chairman has the casting vote; this can be excluded in the Articles of Incorporation (cf. art. 713 para. 1 CO).

25. As a possible addendum to cases in which a special majority is required by law pursuant to art. 704 para. 1 CO. It must be borne in mind that, pursuant to art. 704 para. 2 CO, special majority provisions may only be introduced into the Articles of Incorporation with the foreseen majority.

26. In order to avoid that the protection granted by the transfer limitations be done away with too easily. Should there be different par values, then art. 623 para. 2 CO is to be taken into consideration.

B.   The Board of Directors

Article 13[27]

The Board of Directors consists of one or several members. The members of the Board of Directors shall, as a rule, be elected by the ordinary Shareholders Meeting in each case for a term of office of one year. The term of office of a member of the Board of Directors shall, subject to prior resignation or removal, expire upon the day of the next ordinary Shareholders Meeting[28]. Newly-appointed members shall complete the term of office of their predecessors.

The members of the Board of Directors may be re-elected without limitation.

The Board of Directors shall organize itself. It appoints a Chairman and a Secretary who need not be a member of the Board of Directors[29].

Article 14

The Board of Directors is entrusted with the ultimate direction of the Corporation and the supervision of the management. It shall represent the Corporation vis-à-vis third parties and shall attend to all matters which are not delegated to or reserved for another executive organ of the Corporation pursuant to law, the Articles of Incorporation or the by-laws.

27.   The legal requirement that members of the Board of Directors deposit shares has been eliminated. Status as a shareholder continues to be a prerequisite for the assumption of office as a member of the Board of Directors pursuant to unrevised art. 707 para. 2 CO (qualifying shares).

28.   If the term of office is to be for more than one year, then the following wording is recommended: "The term of office of the members of the Board of Directors continues until the Shareholders Meeting has elected new members or confirmed the election of current members."

29.   The election of the Chairman can be reserved for the Shareholders Meeting by a corresponding provision in the Articles of Incorporation (cf. art. 712 para. 2 CO). Contrarily, this is not possible for the other offices.

The Board of Directors may entrust the management of the Corporation in whole or in part to one or several persons, members of the Board of Directors or third parties who need not be shareholders of the Corporation. The Board of Directors shall enact the organization by-laws and arrange for the appropriate contractual relationships[30].

The Board of Directors has the following non-transferable and irrevocable duties:

1. to ultimately manage the Corporation and issue the necessary directives;
2. to determine the organization;
3. to organize the accounting, the financial control, as well as the financial planning[31];
4. to appoint and recall the persons entrusted with the management and representation[32] of the Corporation and to grant the signatory power;
5. to ultimately supervise the persons entrusted with the management, in particular with respect to compliance with law and with the Articles of Incorporation, by-laws and directives;
6. to prepare the business report, as well as the Shareholders Meeting and to implement the latter's resolutions;
7. to inform the judge in case of insolvency;
8. to pass resolutions regarding the subsequent payment of capital with respect to non-fully paid-in shares;

---

30. Organization by-laws are always required when the managerial tasks of the Board of Directors are to be delegated in whole or in part (cf. art. 716b CO). In addition, the legal relationships between the Corporation and the single members of the Board of Directors or third parties to whom authorities are to be transferred are to be regulated by contract.

31. To the extent that financial planning is necessary to the management of the Corporation (art. 716a para. 1 sec. 3 CO).

32. Pursuant to the new non-compulsory legal provisions, each member of the Board of Directors is granted the power to represent the Corporation individually (art. 718 para. 1 CO). Limitations to this principle, in particular, the granting of collective signatory rights are to be foreseen in the organization by-laws.

9.   to pass resolutions confirming increases in share capital and regarding the amendments to the Articles of Incorporation entailed thereby;
10.   to examine the professional qualifications of the specially qualified auditors in those cases in which the law foresees the use of such auditors[33].

Article 15

The organization of the meetings, the presence quorum and the passing of resolutions of the Board of Directors shall be in compliance with the organization by-laws[34].

The Chairman shall have the casting vote[35].

Minutes are to be kept of the deliberations and resolutions of the Board of Directors. The minutes are to be signed by the Chairman and the Secretary.

Article 16

The members of the Board of Directors are entitled to reimbursement of expenses incurred by them in the interests of the Corporation and to remuneration corresponding to their activities, as determined by the Board of Directors itself[36].

33.   With respect thereto, see arts. 727b para. 1, 731a para. 1, 732 para. 2, 745 para. 3, 653f para. 1 and 653i para. 1 CO as well as the Ordinance on the Professional Qualifications of Specially Qualified Auditors of June 15, 1992 (Official Collection of Swiss Law 211.302), in particular art. 3 para. 1 thereof.

34.   This provision only has a declarative value. Pursuant to non-compulsory legislation, the Board of Directors passes its resolutions upon the majority of the votes cast and can pass resolutions by means of circulation as long as no member requires an oral discussion.

35.   Cf. footnote 24. A withdrawal of the casting vote in the Articles of Incorporation can be recommended for corporations where the shares are held in equal amounts and where a parity situation should exist in the Board of Directors (for example 50 : 50 joint ventures).

C. The Auditors

Article 17

The Shareholders Meeting elects each year one or several persons or legal entities as Auditors pursuant to art. 727 et seq. CO with all the rights and duties defined by law.

IV. Annual Accounts and Distribution of Profits

Article 18

The business year begins on January 1 and ends on December 31, for the first time on December 31, [   ][37].

The annual accounts, consisting of the profit and loss statement, the balance sheet and the annex[38], shall be drawn up in accordance with the provisions of the Swiss Code of Obligations, in particular art. 662a et seq. CO, and in accordance with generally accepted commercial principles and principles usual in the field.

Article 19

Subject to the statutory provisions regarding the distribution of profits, in particular art. 671 et seq. CO, the profits as shown on the balance sheet may be allocated by the Shareholders Meeting at its discretion.

---

36. The remuneration is to be charged against the profit and loss statement, contrarily to the bonus payments under art. 7 sec. 3, which constitute an allocation of profit (tax consequences).

37. It is not compulsory that the business year be defined in the Articles of Incorporation.

38. And, as the case may be, the consolidated accounts (see art. 663e CO).

Article 20

The payment of bonuses to members of the Board of Directors shall be governed by the provisions of art. 677 CO.

V. Dissolution and Liquidation

Article 21

The Shareholders Meeting may at any time resolve the dissolution and liquidation of the Corporation in accordance with the provisions of law and the Articles of Incorporation.

The liquidation shall be carried out by the Board of Directors to the extent that the Shareholders Meeting has not entrusted the same to other persons.

The liquidation of the Corporation shall take place in accordance with art. 742 et seq. CO. The liquidators are enabled to dispose of the assets (including real estate) by way of private contract.

After all debts have been satisfied, the net proceeds shall be distributed among the shareholders in proportion to the amounts paid-in.

VI. Notices and Announcements

Article 22

Invitations and notices to the shareholders shall take place by mail to the addresses indicated in the shareholders' register[39].

---

39. In the case of bearer shares, through publication in the Swiss Official Journal of Commerce.

Announcements to the creditors shall, in the instances prescribed by law, be made by publication in the Swiss Official Journal of Commerce, the Corporation's official instrument for publication.

[   ], [   ]

A n n e x e s

I. Authorized share capital[40]

Art. 3a

The Board of Directors is authorized until [   ][41] to increase the share capital up to a maximum aggregate amount of Fr. [   ][42] through the issuance of a maximum of [   ] bearer shares, which shall be completely paid-in, with a par value of Fr. [   ] per share and, a maximum of [   ] registered shares, which shall be fully paid-in, with a par value of Fr. [   ] per share[43]. Increases by underwriting as well as partial increases are permissible. After their acquisition, the newly issued registered shares shall be subject to the transfer limitations foreseen in art. 5 of the Articles of Incorporation. In each case, the issue price, the date for entitlement to dividends and the type of contribution shall be determined by the Board of Directors.

The Board of Directors is authorized to exclude the rights of the shareholders to subscribe shares in priority and to convey them to third parties, provided that the newly issued shares are to be used

40. The provisions of the Articles of Incorporation regarding authorized capital are mainly thought of for public corporations. However, contrarily to conditional capital, authorized capital can also be used by small corporations.

Should an authorized capital be established, then it is recommended to complete art. 14 para 3, section 9 of the basic version as follows, "To the extent that this is of the authority of the Board of Directors, the passing of resolutions concerning increases in capital (art. 651 para. 4 CO), as well as concerning confirmation of the increase in capital and the amendments of the Articles of Incorporation entailed thereby."

41. A maximum of two years (art. 651 para. 1 CO), calculated from the date of registration of the relevant provision of the Articles of Incorporation in the Register of Commerce.

42. A maximum amount of half of the previously-existing share capital (art. 651 para. 2 CO); when increasing both the share capital and the participation capital, a maximum aggregate of half of the sum of the previously-existing share and participation capital (art. 656b para. 4 CO).

43. As the case may be, privileged voting right shares (see footnote 6 above).

for the takeover of enterprises through share swaps, for financing the acquisition of enterprises or divisions thereof, for financing newly-planned investments by the Corporation or for employee participations[44]. Shares subject to unexercised rights to subscribe in priority shall be sold by the Corporation at market conditions.

44. The extent to which the "important reasons" foreseen by art. 652b CO - as opposed to the ordinary capital increase - must be listed separately in the Articles of Incorporation is not yet clear. The definition of important reasons, will also depend, in particular, upon the concrete situation of each company.

II. Conditional share capital[45]

Art. 3b

Through the exercise of option and conversion rights which will be granted to the bearers in connection with bond issues of the Corporation or of one of its subsidiaries, the share capital of the Corporation shall be increased by a maximum aggregate amount of Fr. [   ][46] through the issuance of a maximum of [   ] bearer shares, which shall be fully paid-in, with a par value of Fr. [   ] per share and, of a maximum of [   ] registered shares, which shall be fully paid-in, with a par value of[47] Fr. [   ] per share[48]. The right of the shareholders to subscribe shares in priority are excluded with respect to such shares. The acquisition of registered shares through the exercise of option or conversion rights shall be subject to the transfer restrictions foreseen in art. 5 of the Articles of Incorporation.

With respect to those convertible bond and warrant issues which, pursuant to Board resolution, will not be offered to the shareholders in advance for subscription, the following shall apply:

1. the issue proceeds from such convertible bond or warrant issues may only be used to finance the acquisition of enterprises or enterprise divisions or to finance newly-planned investments of the Corporation or a subsidiary thereof[49];

45. Provisions in the Articles of Incorporation regarding conditional capital shall expectedly only be taken into consideration for public corporations.

46. A maximum of half of the previously-existing share capital (art. 653a para. 1 CO); in the case of increases in both the share capital and the participation capital, an aggregate maximum of half of the sum of the previously-existing share capital and participation capital (art. 656b para. 4 CO).

47. As the case may be, privileged voting right shares (cf. footnote 6 above).

48. The conditional share capital may also be used in the case of employee participations (see art. 653 para. 1 CO).

49. It is not compulsory that the "important reasons" for excluding advance subscription rights (art. 653c para. 2 CO) be stated in the Articles of Incorporation; such

2. option rights to subscribe for shares may only be exercised during a maximum period of five years after the date of issuance of the relevant warrants. Conversion rights may only be exercised during a maximum period of ten years after the date of issuance of the relevant bonds[50];

3. the convertible bond and warrant issues are to take place at market conditions with respect to the interest rate and the exercise price for the acquisition of the new shares linked with the issue[51].

reasons may also be conveyed to the shareholders at or prior to the Shareholders Meeting in another binding form. The reasons mentioned here are based on the important reasons mentioned in art. 652b para. 2 CO.

50. In the case of exclusion of the right to subscribe in priority, the conditions for the exercise of the conversion and option rights are to be foreseen in the Articles of Incorporation (art. 653b para. 2, sec. 1 CO).

51. Furthermore, in the event of exclusion of the right to subscribe in priority, the basis on which the issue price is to be set is to be included in the Articles of Incorporation (art. 653b para. 2, sec. 2 CO).

III.   Participation capital[52]

Art. 3c[53]

The participation capital of the Corporation amounts to Fr. [   ] and is divided into [   ] bearer[54] participation certificates with a par value of Fr. [   ] per certificate[55]. The participation certificates are fully paid-in[56].

The participation certificates grant, in relation to their par value the same claim to a corresponding portion of the profits as shown on the balance sheet and liquidation proceeds and the same rights to subscribe in priority as do the shares[57]; contrarily, they do not confer any voting rights or any rights related thereto[58].

Should the share capital and the participation capital be simultaneously increased in the same proportions, the shareholders shall then only be entitled to subscribe shares in priority, and the participation certificates holders shall only be entitled to subscribe par-

---

52.   Private corporations may also have a participation capital. Participation certificates can, pursuant to the new law, only be issued in one of the capital increase forms (ordinary, authorized or conditional) provided for in the law (cf. art. 656a para. 2 and art. 656b para. 5 CO). When creating a participation capital, chapter II of the basic version is to be adapted accordingly.

53.   It is also possible to include these provisions in art. 3 directly.

54.   Registered participation certificates may also be foreseen.

55.   The participation capital may not exceed twice the share capital (art. 656b para. 1 CO). Neither any minimum capital nor any minimum aggregate contribution is prescribed for the participation capital (art. 656b para. 2 CO); however, the contribution must, in this case as well, amount to at least twenty percent of the par value.

56.   Only registered participation certificates are permitted to be partially paid-in.

57.   Should there be different classes of shares, the Articles of Incorporation must then designate the share class as to which the participation certificates shall be equated (with regard to pecuniary rights) (art. 656f para. 2 CO).

58.   The provisions set forth under footnotes 61 et seq. below represent possible alternatives to the last part of this sentence.

ticipation certificates in priority. Furthermore, art. 656g CO shall apply.

Unless provided otherwise under law or the Articles of Incorporation, the provisions of law and of the Articles of Incorporation regarding the share capital, the share and the shareholder shall also apply with respect to the participation capital, the participation certificate and the holder of participation certificates.

Art. 9 para. 3[59]

The invitation to the Shareholders Meeting, including the agenda items and the proposals, shall be made known to the holders of participation certificates at least twenty days before the day of the Shareholders Meeting through publication in the Swiss Official Journal of Commerce. The announcement must mention that the resolutions passed by the Shareholders Meeting will be deposited after the Shareholders Meeting for examination by the participation certificate holders at the head office of the Corporation as well as its registered branch offices[60].

---

59. To be inserted between paragraphs 2 and 3 of art. 9 of the basic version.

60. With respect to art. 696 para. 1 CO (deposit at the head office only), the legislators may not have intended the opposite thereof.

Art. 3c para. 2 in fine[61]

The holders of participation certificates shall have the same right to information and inspection as the shareholders[62].

Art. 8 para. 3[63]

The Board of Directors must convene an extraordinary Shareholders Meeting when shareholders representing at least ten percent of the share capital or when participation certificate holders representing at least ten percent of the participation capital request the same in writing, stating the purpose thereof.

Art. 11 para. 7[64]

The holders of participation certificates are entitled to take part in the ordinary and extraordinary Shareholders Meetings[65]. Each holder of participation certificates in attendance may make proposals within the scope of the items on the agenda and may take part in the discussion; however, he shall have no voting right.

---

61. The following provisions are suggestions in the event that the corporation wishes to grant the participation certificate holders corresponding participatory rights (cf. art. 656c CO; without claim to completeness; as an alternative to art. 3c para. 2, last part of the sentence). These are not guidelines as to the rights to be granted to the holders of participation certificates. It must further be noted that the requirement that a special meeting of the holders of participation certificates approve limitations or the withdrawal of statutory participatory rights (art. 656f para. 4 CO) may be eliminated through a provision in the Articles of Incorporation.

62. If the holders of participation certificates are not granted these rights under the Articles of Incorporation, then art. 656c para. 3 CO must be borne in mind.

63. See footnote 61.

64. See footnote 61.

65. In these cases, the rules applicable to the invitation of holders of participation certificates should also be foreseen in the Articles of Incorporation. This can be done by adapting art. 9 para. 2 first sentence of the basic version: "The Shareholders will be invited by mail and the participation certificate holders will be invited through publication in the Swiss Official Journal of Commerce, in each case at least twenty days prior to the day of the Meeting."

Art. 12 para. 3[66]

The holders of participation certificates are entitled to elect one[67] representative to the Board of Directors[68]. The representative of the holders of participation certificates must himself be such a participation certificate holder; however, he need not be a shareholder.

---

66. See footnote 61.

67. As the case may be, more than one.

68. If necessary, the rules for the proposal and election procedures may be foreseen in the Articles of Incorporation.

S t a t u t s

de

[	] SA
[	] AG
[	] Ltd
[	] Inc

I. Raison sociale, siège, durée et but

Article 1

Sous la raison sociale[1]

[	] SA
[	] AG
[	] Ltd
[	] Inc

existe une société anonyme selon les art. 620 et suivants du Code des obligations ayant son siège à [   ]. La durée de la société est illimitée.

Article 2

La société a pour but [   ][2].

---

1. Il est nécessaire de pouvoir procéder à une distinction sans équivoque par rapport à des raisons sociales déjà utilisées. L'Office fédéral du registre du commerce remet, sur demande, une liste des raisons sociales présentant, le cas échéant, une similitude.

2. La description du but peut également être révélatrice dans l'optique des "justes motifs" pour fonder le refus de l'approbation du transfert dans le cas d'actions nominatives liées (cf. art. 685b, al. 2, CO); à cet égard, une description du but

La société peut constituer des succursales et des sociétés filiales en Suisse et à l'étranger et participer à d'autres entreprises en Suisse et à l'étranger.

La société peut acquérir, détenir et aliéner des immeubles[3].

La société peut exercer toute activité commerciale, financière et autre en rapport avec le but de la société.

II. Capital-actions et actions

Article 3

Le capital-actions de la société s'élève à Fr. [   ][4] et est réparti en [   ] actions nominatives[5] d'une valeur nominale de Fr. [   ] chacune[6]. Les actions sont intégralement libérées[7].

relativement étroite est recommandée.

3. Dans le cas de sociétés à dominance étrangère, il convient d'observer les limites imposées par la Lex Friedrich (Loi fédérale sur l'acquisition d'immeubles par des personnes domiciliées à l'étranger).

4. Nouvellement Fr. 100 000.-- au minimum (art. 621 CO).

5. Le cas échéant, actions au porteur (en complément ou exclusivement).

6. Dans le cas des actions à droit de vote privilégié (toujours admissibles): "... et est réparti en [   ] actions au porteur d'une valeur nominale de Fr. [   ] chacune et [   ] actions nominatives d'une valeur nominale de Fr. [   ] chacune (actions à droit de vote privilégié)." Nouvellement, les actions à droit de vote privilégié peuvent avoir un "pouvoir de vote" au plus dix fois supérieur à celui des actions ordinaires.

7. Dans le cas des actions nominatives, une libération partielle est admissible moyennant observation des limites de l'art. 632 CO. Dans le cas de la libération partielle, l'adjonction suivante est recommandée: "Chaque action est libérée avec Fr. [   ]." - Le cas échéant, il convient d'insérer des dispositions concernant les apports en nature et les reprises de biens entre l'art. 3 et l'art. 4 (voir art. 628 CO).

Article 4

En lieu et place d'actions individuelles, la société peut émettre des certificats d'actions portant sur plusieurs actions. La propriété ou l'usufruit d'un titre ou d'un certificat d'actions et tout exercice des droits d'actionnaire inclut la reconnaissance des statuts de la société conformément à la version en vigueur.

Par modification des statuts, l'assemblée générale peut en tout temps convertir des actions nominatives en action au porteur et inversement.

Article 5[8]

Le conseil d'administration tient un registre des actions qui mentionne le nom et l'adresse des propriétaires et des usufruitiers. N'est reconnu comme actionnaire ou usufruitier à l'égard de la société que celui qui est inscrit au registre des actions. Le transfert d'actions exige dans tous les cas l'approbation du conseil d'administration[9].

L'approbation peut être refusée pour de justes motifs[10]. Sont

---

8. L'art. 5 se réfère aux actions nominatives liées; dans le cas d'actions nominatives non liées, la première phrase suffit; cet article est sans objet dans le cas d'actions au porteur.

9. Pour rendre plus claires les conséquences juridiques (voir art. 685c CO), adjonction éventuelle suivante:

    "Tant qu'il n'y a pas d'approbation, la propriété des actions et tous les droits qui s'y rapportent demeurent auprès de l'aliénateur.

    En cas d'acquisition d'actions suite à une succession, un partage successoral, en vertu du régime matrimonial ou dans une procédure d'exécution forcée, la propriété du titre et les droits patrimoniaux passent immédiatement à l'acquéreur, les droits sociaux toutefois seulement au moment de l'approbation par la société."

10. Le nouveau droit relatif aux sociétés anonymes restreint fortement les possibilités d'actions liées. Les motifs de refus indiqués dans le texte se réfèrent aux actions nominatives non cotées en bourse. Dans le cas d'actions nominatives cotées en bourse, il faut reprendre dans les statuts les possibilités énumérées de manière exhaustive dans la loi (art. 685d et art. 4 Tit. fin. CO), par exemple comme suit:

réputés justes motifs:

1. Le maintien à l'écart d'acquéreurs qui exploitent une entreprise en concurrence avec le but de la société, qui y participent ou qui y sont employés;
2. La préservation de la société comme entreprise indépendante sous contrôle de la famille [   ] sur le plan du droit de vote[11];
3. L'acquisition ou la détention d'actions au nom ou dans l'intérêt de tiers.

L'approbation peut être refusée sans indication de motifs pour autant que le conseil d'administration reprenne les actions (pour le compte de la société, d'actionnaires déterminés ou de tiers) à la valeur réelle à l'époque de la requête.

La société peut, après avoir entendu la personne concernée, biffer les inscriptins au registre des actions lorsque celles-ci ont été faites

"L'approbation peut être refusée pour les motifs suivants:

1. Lorsqu'un acquéreur, suite à la reconnaissance comme actionnaire, obtiendrait ou posséderait, directement ou indirectement, en tout plus de trois pour cent du nombre total des actions nominatives inscrites au registre du commerce;

2. Dans la mesure et aussi longtemps que la reconnaissance d'un acquéreur en qualité d'actionnaire pourrait empêcher la société, conformément aux informations à sa disposition, de fournir la preuve de la dominance suisse exigée par la législation fédérale;

3. Lorsque l'acquéreur, malgré demande de la société, ne déclare pas expressément qu'il a acquis et détiendra les actions en son propre nom et dans son propre intérêt.

Les personnes morales et les communautés juridiques qui sont liées entre elles sur le plan du capital, du pouvoir de vote, de la direction ou d'une autre manière, ainsi que toutes les personnes physiques ou morales et les communautés juridiques qui procèdent de façon coordonnée par concertation, sous forme de syndicat ou d'une autre façon en vue d'éviter la restriction de transfert sont considérées comme acquéreurs dans l'application des chiffres 1 et 2 ci-dessus."

11. Ou une réglementation semblable, décrivant plus précisément l'indépendance économique de l'entreprise; en particulier aussi la mise en péril de la poursuite du but concret de la société.

sur la base d'informations fausses données par l'acquéreur. Ce dernier doit en être immédiatement informé.

III. Organisation de la société

Article 6

Les organes de la société sont:

A. L'assemblée générale
B. Le conseil d'administration
C. L'organe de révision

A. L'assemblée générale

Article 7

L'assemblée générale est l'organe suprême de la société. Elle a le droit inaliénable:

1. D'adopter et de modifier les statuts;
2. De nommer et de révoquer les membres du conseil d'administration et de l'organe de révision;
3. D'approuver le rapport annuel et les comptes annuels[12] et de déterminer l'emploi du bénéfice résultant du bilan, en particulier de fixer le dividende et les tantièmes[13];
4. De donner décharge aux membres du conseil d'administration;
5. De prendre toutes les décisions qui lui sont réservées par la loi ou les statuts ou qui lui sont soumises par le conseil d'administration[14].

12.   Ainsi que, le cas échéant, les comptes de groupe (voir art. 663e CO).

13.   Voir ci-dessous observation 36.

14.   Malgré que l'art. 716a, al. 1, CO attribue certaines tâches décisives de manière intransmissible et inaliénable au conseil d'administration, ce dernier peut certes

Article 8

L'assemblée générale ordinaire a lieu chaque année dans les six mois qui suivent la clôture de l'exercice.

Les assemblées générales extraordinaires sont convoquées aussi souvent qu'il est nécessaire, en particulier dans les cas prévus par la loi.

Le conseil d'administration doit convoquer des assemblées générales extraordinaires lorsqu'une convocation est requise par écrit et avec indication du but par des actionnaires représentant dix pour cent au moins du capital-actions.

Article 9

L'assemblée générale est convoquée par le conseil d'administration et, au besoin, par l'organe de révision. Les liquidateurs ont également le droit de la convoquer.

L'assemblée générale est convoquée par lettre[15] aux actionnaires[16], vingt jours au moins avant la date de la réunion. Sont mentionnés dans la convocation de l'assemblée générale les objets portés à l'ordre du jour, ainsi que les propositions du conseil d'administration et des actionnaires qui ont demandé la convocation d'une assemblée générale ou l'inscription d'un objet à l'ordre du jour.

---

toujours soumettre des décisions de portée fondamentale à l'assemblée générale. Il demeure incertain s'il en résulte une influence sur la responsabilité des membres du conseil d'administration.

15. Le conseil d'administration reste libre de notifier la convocation par courrier recommandé; cette solution est recommandée en cas de tensions parmi les actionnaires.

16. Dans le cas des actions au porteur, par publication dans la Feuille officielle suisse du commerce.

Sous réserve des dispositions concernant la réunion de tous les actionnaires, aucune décision ne peut être prise sur des objets qui n'ont pas été portés à l'ordre du jour de cette manière, à l'exception d'une proposition de convoquer une assemblée générale extraordinaire ou d'instituer un contrôle spécial. En revanche, il n'est pas nécessaire d'annoncer au préalable les propositions entrant dans le cadre des objets portés à l'ordre du jour ni les délibérations qui ne doivent pas être suivies d'un vote.

Les propriétaires ou les représentants de la totalité des actions peuvent, s'il n'y a pas d'opposition, tenir une assemblée générale sans observer les formes prévues pour sa convocation (réunion de tous les actionnaires). Aussi longtemps qu'ils sont présents, cette assemblée a le droit de délibérer et de statuer valablement sur tous les objets qui sont du ressort de l'assemblée générale.

Le rapport de gestion et le rapport de révision sont mis à la disposition des actionnaires au siège de la société[17], au plus tard vingt jours avant l'assemblée générale ordinaire. Il doit y être fait référence dans la convocation de l'assemblée générale.

Article 10

La présidence de l'assemblée générale est exercée par le président, en cas d'empêchement de celui-ci, par un autre membre du conseil d'administration ou par un autre président du jour élu par l'assemblée générale.

Le président désigne le rédacteur des procès-verbaux et les scrutateurs, lesquels ne sont pas nécessairement actionnaires.

17.   D'après le nouveau droit, plus auprès d'éventuelles succursales (voir art. 696, al. 1, CO).

Le conseil d'administration veille à la rédaction des procès-verbaux, lesquels doivent être signés par le président et le secrétaire du conseil d'administration.

Article 11

Chaque action donne droit à une voix[18].

Chaque actionnaire peut se faire représenter à l'assemblée générale par un autre actionnaire[19] qui se légitime par pouvoirs écrits.

L'assemblée générale prend ses décisions et procède aux élections à la majorité absolue des voix attribuées aux actions représentées[20], si la loi[21] ou les statuts[22] n'en disposent pas autrement.

18. Dans le cas d'actions ayant des valeurs nominales différentes, cette disposition mène à des actions à droit de vote privilégié.

    Pour autant que les statuts de société publiques prévoient une clause de pourcentage (voir observation 10), une clause de limitation de vote supplémentaire est recommandée, par exemple d'après le modèle suivant:

    "Lors de l'exercice du droit de vote, aucun actionnaire ne peut réunir sur sa personne, directement ou indirectement, pour ses propres actions et celles qu'il représente, plus de trois pour cent de la totalité du capital-actions. Le conseil d'administration peut édicter des règles spéciales au profit de représentants d'organes et dépositaires.

    Les personnes morales et les communautés juridiques qui sont regroupées sur le plan du capital et du droit de vote, par une direction uniforme ou de manière semblable, sont considérées comme un actionnaire en ce qui concerne la participation aux votes."

19. Le cas échéant, représentation par une personne qui n'est pas nécessairement actionnaire.

20. Donc, la moitié des voix attribuées aux actions représentées plus une voix d'action; par exemple, $(300 : 2) + 1 = 151$ voix attribuées aux actions.

21. Voir art. 704, al. 1, CO.

22. Les statuts peuvent toujours prévoir des quotas qualifiés pour des décisions déterminées (voir, à titre d'exemple, art. 4, al. 2). Sont également admissibles les quorums de présence statutaires pour la capacité de statuer de l'assemblée générale, malgré que les quorums de présence aient été entièrement supprimés dans la loi.

Si l'élection n'aboutit pas au premier tour de scrutin, un second tour de scrutin a lieu, lors duquel la majorité relative décide[23].

Le président n'a pas voix prépondérante[24].

Les élections et les votes ont lieu de manière ouverte à moins que le président ou l'un des actionnaires n'exigent qu'il soient secrets.

Article 12

Une décision de l'assemblée générale recueillant au moins les deux tiers des voix attribuées aux actions représentées et la majorité absolue des valeurs nominales d'actions représentées est nécessaire pour[25]:

1. Faciliter ou supprimer la restriction de la transmissibilité des actions nominatives;
2. Convertir des actions nominatives en actions au porteur[26];
3. Dissoudre la société avec liquidation.

---

23. Est élu celui qui recueille le plus grand nombre de voix (sans tenir compte du nombre total des voix attribuées aux actions revenant à d'autres candidats).

24. Cette disposition correspond à la réglementation dispositive de la loi. La voix prépondérante du président (et, partant, en règle générale, du président du conseil d'administration) peut toutefois être prévue par disposition statutaire. Dans le cadre du conseil d'administration, c'est l'ordre inverse qui s'applique: A défaut de norme statutaire, le président a voix prépondérante, laquelle peut cependant être exclue par les statuts (voir art. 713, al. 1, CO).

25. Comme compléments possibles aux cas que recouvrent les prescriptions légales relatives aux quorums selon l'art. 704, al. 1, CO. A cet égard, il convient d'observer, en conformité avec l'art. 704, al. 2, CO, que les prescriptions statutaires relatives aux quorums ne peuvent être adoptées qu'à la majorité prévue.

26. Afin d'éviter que la protection relative aux actions liées ne puisse être supprimée trop facilement. En cas de différences de valeur nominales, il faut tenir compte de l'art. 623, al. 2, CO.

B. Le conseil d'administration

Article 13[27]

Le conseil d'administration se compose d'un ou de plusieurs membres. En règle générale, il est élu lors de l'assemblée générale ordinaire et pour la durée d'une année. La durée de fonction des membres du conseil d'administration se termine le jour de la prochaine assemblée générale ordinaire[28]. La démission préalable ou la révocation demeurent réservées. Les nouveaux membres terminent la durée de fonction de ceux qu'ils remplacent.

Les membres du conseil d'administration sont rééligibles en tout temps.

Le conseil d'administration se constitue lui-même. Il désigne son président et le secrétaire qui ne doit pas nécessairement être membre du conseil d'administration[29].

Article 14

Le conseil d'administration assume la direction suprême de la société et la surveillance de la gestion. Il représente la société à l'égard des tiers et s'acquitte de toutes les affaires qui ne sont pas du ressort d'un autre organe de la société d'après la loi, les statuts ou le règlement.

---

27. L'exigence légale du dépôt d'actions a disparu. La qualité d'actionnaire reste la condition pour l'entrée en fonction du conseil d'administration conformément à l'art. 707, al. 2, CO, qui n'a pas été modifié (action de qualification).

28. En cas de durée de la fonction sur plusieurs années, la formulation suivante est recommandée: "La durée de fonction des membres du conseil d'administration subsiste jusqu'à ce que l'assemblée générale ait procédé à une nouvelle élection ou à une élection de confirmation."

29. L'élection du président - mais non l'attribution d'autres charges - peut être réservée par disposition statutaire à l'assemblée générale (voir art. 712, al. 2, CO).

Le conseil d'administration peut déléguer la gestion ou certaines parties de celle-ci à une ou plusieurs personnes, membres du conseil d'administration ou tierces, qui ne sont pas nécessairement actionnaires. Il édicte le règlement d'organisation et règle les rapports contractuels correspondants[30].

Le conseil d'administration a les attributions intransmissibles et inaliénables suivantes:

1. Exercer la haute direction de la société et établir les instructions nécessaires;
2. Fixer l'organisation;
3. Fixer les principes de la comptabilité et du contrôle financier ainsi que le plan financier[31];
4. Nommer et révoquer les personnes chargées de la gestion et de la représentation[32], et réglementer le droit de signature;
5. Exercer la haute surveillance sur les personnes chargées de la gestion pour s'assurer notamment qu'elles observent la loi, les statuts, les règlements et les instructions nécessaires;
6. Etablir le rapport de gestion, préparer l'assemblée générale et exécuter ses décisions;
7. Informer le juge en cas de surendettement;
8. Prendre les décisions concernant l'appel ultérieur d'apports relatifs à des actions non intégralement libérées;
9. Prendre les décisions relatives à la constatation d'augmentations de capital et aux modifications des statuts qui en résultent;

---

30. Un règlement d'organisation est toujours requis lorsque la gestion du conseil d'administration est déléguée en tout ou en partie (voir art. 716b CO). Les rapports juridiques entre la société et les différents membres du conseil d'administration ou des tiers auxquels des compétences sont attribuées doivent, en outre, être réglementés contractuellement.

31. Pour autant qu'un plan financier soit nécessaire pour la conduite de la société (art. 716a, al. 1, ch. 3, CO).

32. Conformément au droit dispositif, tout membre du conseil d'administration se voit nouvellement conférer un pouvoir de représentation individuel (art. 718, al. 1, CO). Les restrictions correspondantes - en particulier le droit de signature collective à deux - doivent être fixées dans le règlement d'organisation.

10. Examiner les conditions professionnelles des réviseurs particulièrement qualifiés pour les cas dans lesquels la loi prévoit l'engagement de tels réviseurs[33].

Article 15

Le règlement de séance, la capacité de statuer (présence) ainsi que les prises de décision du conseil d'administration sont fixés par le règlement d'organisation[34].

Le président a voix prépondérante[35].

Les délibérations et les décisions du conseil d'administration sont consignées dans un procès-verbal, lequel est signé par le président et le secrétaire du conseil d'administration.

Article 16

Les membres du conseil d'administration ont droit au remboursement de leurs dépenses effectuées dans l'intérêt de la société ainsi qu'à une indemnisation correspondant à leur activité, que le conseil d'administration fixe lui-même[36].

33. Voir, à ce sujet, les art. 727b, al. 1; 731a, al. 1; 732, al. 2; 745, al. 3; 653f, al. 1, et 653i, al. 1, ainsi que l'Ordonnance sur les qualifications professionnelles des réviseurs particulièrement qualifiés du 15 juin 1992 (RS 221.302), spécialement art. 3, al. 1.

34. Disposition purement déclaratoire. Conformément au droit dispositif, le conseil d'administration prend ses décisions à la majorité des voix émises; les décisions peuvent être prises par voie de circulaire à moins qu'une discussion ne soit requise par l'un des membres.

35. Voir observation 24. Une exclusion statutaire de la voix prépondérante peut être recommandée pour des sociétés au sein desquelles les actions sont détenues à parts égales et où une situation d'équilibre doit exister dans le conseil d'administration (par exemple, Joint Ventures 50 : 50).

36. L'indemnisation est à la charge du compte de profits et pertes, à l'opposé du tantième selon art. 7, ch. 3, qui représente une véritable utilisation du bénéfice (conséquences sur le plan fiscal).

C.   L'organe de révision

Article 17

L'assemblée générale élit chaque année une ou plusieurs personnes physiques ou morales comme organe de révision dans le sens des art. 727 et suivants du Code des obligations, avec les droits et les obligations que fixe la loi.

IV.   Comptes annuels et répartition du bénéfice

Article 18

L'exercice commercial commence le 1er janvier et se termine le 31 décembre, pour la première fois le 31 décembre [   ][37].

Les comptes annuels, qui se composent du compte de profits et pertes, du bilan et de l'annexe[38], sont établis conformément aux prescriptions du Code suisse des obligations, en particulier d'après les art. 662a et suivants, ainsi que d'après les principes commerciaux et usuels de la branche généralement reconnus.

Article 19

L'assemblée générale dispose du bénéfice résultant du bilan, sous réserve des prescriptions légales concernant la répartition du bénéfice, en particulier des art. 671 et suivants du Code des obligations.

---

37.   L'exercice commercial ne doit pas nécessairement être fixé dans les statuts.

38.   Ainsi que, le cas échéant, des comptes de groupe (voir art. 663e CO).

Article 20

L'attribution de tantièmes aux membres du conseil d'administration s'effectue selon les prescriptions de l'art. 677 du Code des obligations.

V. Dissolution et liquidation

Article 21

L'assemblée générale peut décider en tout temps la dissolution et la liquidation de la société en conformité avec les prescriptions légales et statutaires.

La liquidation est effectuée par le conseil d'administration pour autant qu'elle n'ait pas été conférée à d'autres personnes par l'assemblée générale.

La liquidation de la société s'effectue en conformité avec les art. 742 et suivants du Code des obligations. Les liquidateurs sont autorisés à vendre des actifs (immeubles inclus) de gré à gré également.

Après paiement des dettes, l'actif est réparti entre les actionnaires au prorata de leurs versements.

VI. Communications et notifications

Article 22

Les convocations et les communications aux actionnaires s'effectuent par lettre aux adresses inscrites sur le registre des actions[39].

---

39. Dans le cas des actions au porteur, par publication dans la Feuille officielle suisse du commerce.

Les notifications aux créanciers s'effectuent, dans les cas prévus par la loi, par publication dans la Feuille officielle suisse du commerce, organe de publication de la société.

[   ], le [   ]

A p p e n d i c e s

I. Capital-actions autorisé[40]

Art. 3a

Le conseil d'administration est autorisé à augmenter le capital-actions jusqu'au [   ][41] par l'émission d'un maximum de [   ] actions au porteur d'une valeur nominale de Fr. [   ] chacune, devant être intégralement libérées, et d'un maximum de [   ] actions nominatives d'une valeur nominale de Fr. [   ] chacune, devant être intégralement libérées[42], pour un montant maximal de Fr. [   ][43]. Les augmentations par la voie de la prise ferme ainsi que celles par paiements partiels sont autorisées. Après leur acquisition, les nouvelles actions nominatives sont assujetties aux restrictions de transfert conformément à l'art. 5 des statuts. Le montant d'émission, le moment à compter duquel les actions donneront droit à des dividendes et la nature des apports sont déterminés par le conseil d'administration.

Le conseil d'administration est légitimé à exclure le droit de souscription préférentiel des actionnaires et à l'attribuer à des tiers

---

40. Les dispositions statutaires relatives au capital-actions autorisé sont avant tout destinées aux sociétés publiques. A l'opposé du capital conditionnel, le capital autorisé trouvera certainement une application auprès des petites sociétés anonymes également.

Si un capital autorisé est créé, il est recommandé de compléter l'art. 14, al. 3, ch. 9, de la version de base comme suit: "Prendre les décisions relatives à l'augmentation du capital-actions, pour autant que celles-ci soient de la compétence du conseil d'administration (art. 651, al. 4, CO) ainsi qu'à la constatation d'augmentations de capital et aux modifications des statuts qui s'ensuivent."

41. Deux ans au plus (art. 651, al. 1, CO), à compter de l'inscription de la base statutaire au registre du commerce.

42. Le cas échéant, comme actions à droit de vote privilégié (voir ci-dessus observation 6).

43. Au plus la moitié du capital-actions existant (art. 651, al. 2, CO); dans le cas d'une augmentation du capital-actions et du capital-participation, au total au maximum la moitié de la somme du capital-actions et du capital-participation existants (art. 656b, al. 4, CO).

lorsque de telles actions nouvelles sont utilisées pour l'acquisition d'entreprises par échange d'actions ou pour le financement de l'acquisition d'entreprises ou de parties d'entreprises ou de nouveaux projets d'investissement de la société ou pour la participation des collaborateurs[44]. Les actions pour lesquelles des droits de souscription préférentiels sont accordés sans toutefois être exercés doivent être aliénées par la société aux conditions du marché.

---

44. Il n'est pas encore clair dans quelle étendue les "justes motifs" selon l'art. 652b CO doivent être indiqués individuellement dans les statuts, à l'opposé de l'augmentation de capital ordinaire. La définition des justes motifs devrait en particulier dépendre également de la situation concrète de la société concernée.

II.   Capital-actions conditionnel[45]

Art. 3b

Le capital-actions de la société est augmenté par l'émission d'un maximum de [   ] actions au porteur d'une valeur nominale de Fr. [   ] chacune, devant être intégralement libérées, et d'un maximum de [   ] actions nominatives d'une valeur nominale de Fr. [   ][46] chacune, devant être intégralement libérées, pour un montant maximal de Fr. [   ][47], par l'exercice de droits d'option ou de conversion qui sont accordés à leurs détenteurs en relation avec des obligations d'emprunt de la société ou d'une de ses sociétés filiales[48]. Le droit de souscription des actionnaires est exclu en ce qui concerne ces actions. L'acquisition d'actions nominatives par l'exercice de droits d'option ou de conversion est assujettie aux restrictions de transfert conformément à l'art. 5 des statuts.

Pour les emprunts convertibles ou à option qui, selon décision du conseil d'administration, ne sont pas offerts en priorité en souscription aux actionnaires, les règles suivantes sont applicables:

1.   Le produit de l'émission de tels emprunts convertibles ou à option ne doit être utilisé que pour le financement de l'acquisition d'entreprises ou de parties d'entreprises ou de

---

45.   Les dispositions statutaires relatives au capital conditionnel n'entreront probablement en considération que pour des sociétés publiques.

46.   Le cas échéant comme actions à droit de vote privilégié (voir ci-dessus observation 6).

47.   Au plus la moitié du capital-actions existant (art. 653a, al. 1, CO); dans le cas d'une augmentation du capital-actions et du capital-participation, au total au maximum la moitié de la somme du capital-actions et du capital-participation existants (art. 656b, al. 4, CO).

48.   En outre, le capital conditionnel peut être utilisé pour une participation des collaborateurs (voir art. 653, al. 1, CO).

nouveaux projets d'investissement de la société ou d'une société filiale[49];

2. Les droits d'option pour la souscription d'actions doivent pouvoir être exercés pendant cinq ans au plus et les droits de conversion pendant dix ans au plus à compter de l'émission de l'emprunt en question[50];

3. Emission de l'emprunt convertible ou à option aux conditions du marché en ce qui concerne le taux d'intérêt et le prix d'exercice pour l'acquisition des nouvelles actions liées à l'emprunt[51].

---

49. Les "justes motifs" de l'exclusion du droit de souscription prioritaire (art. 653c, al. 2, CO) ne doivent pas être impérativement repris dans les statuts; ils peuvent également être communiqués aux actionnaires sous une autre forme obligatoire lors de l'assemblée générale ou avant celle-ci. Les motifs cités ici s'appuyent sur les justes motifs mentionnés à l'art. 652b, al. 2, CO.

50. En cas d'exclusion du droit de souscription prioritaire, il faut indiquer les conditions d'exercice des droits de conversion et d'option dans les statuts (art. 653b, al. 2, ch. 1, CO).

51. En cas d'exclusion du droit de souscription prioritaire, il faut indiquer au surplus les bases de calcul du prix d'émission (art. 653b, al. 2, chi. 2, CO).

III. Capital-participation[52]

Art. 3c[53]

Le capital-participation de la société s'élève à Fr. [   ] et est réparti en [   ] bons de participation établis au porteur[54] d'une valeur nominale de Fr. [   ][55] chacun. Les bons de participation sont intégralement libérés[56].

Dans les limites de la valeur nominale, les bons de participation confèrent la même prétention à la part correspondante du bénéfice résultant du bilan et du produit de la liquidation et les mêmes droits de souscription que les actions[57]; en revanche, ils ne donnent ni droit de vote, ni droits qui s'y rapportent[58].

Si le capital-actions et le capital-participation sont augmentés simultanément et dans la même proportion, les actionnaires sont exclusivement au bénéfice d'un droit de souscription pour des actions et les participants exclusivement au bénéfice d'un droit de

52. Un capital-participation est également possible pour des sociétés anonymes privées. D'après le nouveau droit, les bons de participation ne peuvent être émis que dans les formes d'augmentations du capital prévues par la loi (augmentation de capital ordinaire, autorisée ou conditionnelle; voir art. 656a, al. 2, et art. 656b, al. 5, CO). Le titre II de la version de base doit être adapté en conséquence lors de la création d'un capital-participation.

53. Une intégration directe dans l'art. 3 est également possible.

54. Des bons de participation nominatifs sont également possibles.

55. Le montant du capital-participation ne peut dépasser le double du capital-actions (art. 656b, al. 1, CO). Aucun capital minimum et aucun apport total minimum ne sont prescrits pour le capital-participation (art. 656b, al. 2, CO); en revanche, l'apport doit s'élever, là aussi, à vingt pour cent au moins de la valeur nominale.

56. Une libération partielle n'est admissible que pour des bons de participation nominatifs.

57. S'il y a plusieurs catégories d'actions, les statuts doivent indiquer à quelle catégorie les bons de participation sont assimilés (sur le plan patrimonial) (art. 656f, al. 2, CO).

58. Des variantes possibles pour la dernière partie de la phrase sont représentées par les dispositions citées ci-dessous dans les observations 61 ss.

souscription pour des bons de participation. L'art. 656g du Code des obligations s'applique au demeurant.

Les dispositions légales et statutaires concernant le capital-actions, les actions et les actionnaires s'appliquent également au capital-participation, aux bons de participation et aux participants dans la mesure où la loi et les statuts n'en diposent pas autrement.

Art. 9, al. 3[59]

La convocation de l'assemblée générale avec les objets portés à l'ordre du jour et les propositions doit être communiquée aux participants vingt jours au moins avant la date de la réunion par publication dans la Feuille officielle suisse du commerce. La communication doit indiquer que les décisions prises par l'assemblée générale sont déposées pour consultation par les participants après l'assemblée générale au siège de la société et auprès des succursales inscrites[60].

---

59.   Insertion entre les al. 2 et 3 de l'art. 9 dans la version de base.

60.   Le législateur n'a éventuellement pas voulu l'opposition avec l'art. 696, al. 1, CO (dépôt au siège de la société uniquement).

Art. 3c al. 2 i.f.[61]

Les participants ont le même droit d'information et de consultation que les actionnaires[62].

Art. 8, al. 3[63]

Le conseil d'administration doit convoquer des assemblées générales extraordinaires lorsqu'une convocation est requise par écrit et avec indication du but par des actionnaires représentant dix pour cent au moins du capital-actions ou par des participants représentant dix pour cent au moins du capital-participation.

Art. 11, al. 7[64]

Les participants sont légitimés à prendre part aux assemblées générales ordinaires et extraordinaires[65]. Chaque participant présent peut faire des propositions dans le cadre des objets portés à l'ordre du jour et prendre part à la discussion; en revanche, il n'a pas de droit de vote.

---

61. Les dispositions suivantes sont des propositions pour le cas où la société veut accorder aux participants des droits sociaux correspondants (cf. art. 656c CO; sans prétention d'exhaustivité; comme variante de l'art. 3c, al. 2, dernière partie de la phrase). Il ne s'agit pas là d'une mesure normative des droits à accorder aux participants. - En outre, il convient de signaler qu'il peut être fait abstraction, dans les statuts, de l'exigence de l'approbation d'une assemblée spéciale des participants relative à une suppression ou une modification des droits sociaux statutaires (art. 656f, al. 4, CO).

62. Au cas où ces droits ne sont pas accordés aux participants, il convient de tenir compte de l'art. 656c, al. 3, CO.

63. Voir observation 61.

64. Voir observation 61.

65. Dans ces cas, il faut également régler la convocation des participants dans les statuts. Ceci peut se faire en adaptant l'art. 9, al. 2, 1ère phrase, de la version de base: "Les actionnaires sont convoqués par lettre, les participants par publication dans la Feuille officielle suisse du commerce, et ce vingt jours au moins avant la date de la réunion."

Art. 12, al. 3[66]

Les participants peuvent prétendre à l'élection d'un[67] représentant dans le conseil d'administration[68]. Celui-ci doit être participant, mais non actionnaire.

---

66. Voir observation 61.

67. Le cas échéant, prétention à plusieurs sièges.

68. Le cas échéant, réglementation statutaire de la procédure de proposition et d'élection.

S t a t u t o

della

[	]	**SA**
[	]	**AG**
[	]	**Ltd**
[	]	**Inc**

I.   Ragione sociale, sede, durata e scopo

Articolo 1

Sotto la ragione sociale[1]

[	]	SA
[	]	AG
[	]	Ltd
[	]	Inc

è costituita una società anonima ai sensi degli art. 620 ss. CO con sede in [   ]. La durata della società è illimitata.

Articolo 2

La società ha per scopo [   ][2].

---

1.   E d'obbligo una chiara distinzione dalle ragioni sociali già in uso. Su richiesta l'Ufficio federale del registro di commercio fornisce una lista delle ragioni sociali eventualmente simili.

2.   La descrizione dello scopo può anche essere significativa in relazione ai "gravi motivi" che autorizzano la società a negare l'approvazione necessaria per il trasferimento di azioni nominative vincolate (cfr. art. 685b cpv. 2 CO); sotto questo punto di vista è consigliabile una descrizione dello scopo relativamente ristretta.

La società può aprire succursali e filiali in Svizzera e all'estero e partecipare ad altre imprese in Svizzera e all'estero.

La società può acquisire, possedere e vendere beni immobili[3].

La società può inoltre esercitare tutte le attività commerciali, finanziarie o di altro genere che siano in relazione con lo scopo della società.

II.   Capitale azionario e azioni

Articolo 3

Il capitale azionario della società ammonta a Fr. [   ][4] ed è suddiviso in [   ] azioni nominative[5] del valore nominale di Fr. [   ] l'una[6]. Il capitale azionario è interamente liberato[7].

---

3.   Nel caso di società dominate da persone all'estero vanno osservate le limitazioni della Lex Friedrich (Legge federale sull'acquisto di fondi da parte di persone all'estero, LAFE).

4.   Secondo il nuovo diritto almeno Fr. 100 000.-- (art. 621 CO).

5.   Eventualmente (anche o solo) azioni al portatore.

6.   Nel caso di azioni con diritto di voto privilegiato (ammesse anche secondo il nuovo diritto): "... ed è suddiviso in [   ] azioni al portatore del valore nominale di Fr. [   ] l'una e [   ] azioni nominative del valore nominale di Fr. [   ] l'una (azioni con diritto di voto privilegiato)." Secondo il nuovo diritto le azioni con diritto di voto privilegiato possono avere un potere di voto al massimo dieci volte superiore a quello delle azioni ordinarie.

7.   Nel caso di azioni nominative è possibile una liberazione parziale; in questo caso vanno osservate le limitazioni dell'art. 632 CO. Nel caso di una liberazione parziale è consigliabile completare l'articolo come segue: "Ogni azione è liberata per un importo di Fr. [   ]." Eventualmente vanno inserite tra l'art. 3 e l'art. 4 le disposizioni concernenti i conferimenti in natura e le assunzioni di beni (art. 628 CO).

Articolo 4

In luogo di singole azioni, la società può emettere dei certificati attestanti il possesso di più azioni. La proprietà o l'usufrutto di un'azione o di un certificato azionario come pure l'esercizio dei diritti dell'azionista implicano il riconoscimento dello statuto in vigore della società.

Mediante modificazione dello statuto, l'assemblea generale può in ogni momento trasformare azioni al portatore in azioni nominative e viceversa.

Articolo 5[8]

Il consiglio di amministrazione tiene un libro delle azioni, che indica il nome e l'indirizzo dei proprietari e degli usufruttuari delle azioni nominative. Nei confronti della società si considera azionista o usufruttuario soltanto chi è iscritto nel libro delle azioni. Il trasferimento delle azioni necessita in ogni caso dell'approvazione del consiglio di amministrazione[9].

La società può negare l'approvazione se invoca un grave motivo[10]. Sono considerati gravi motivi:

8.   L'articolo 5 si riferisce ad azioni nominative vincolate; nel caso di azioni nominative non vincolate basta il primo capoverso; nel caso di azioni al portatore invece questo articolo viene a cadere interamente.

9.   Eventualmente, a chiarimento delle conseguenze giuridiche fissate dalla legge (cfr. art. 685c CO), l'articolo 5 può essere completato come segue:

"L'alienante conserva la proprietà delle azioni e tutti i diritti connessi sino a che non sia data l'approvazione necessaria per il loro trasferimento.

In caso d'acquisto delle azioni a seguito di successione, divisione ereditaria, in virtù del regime matrimoniale dei beni o in un procedimento d'esecuzione forzata, la proprietà del titolo e i diritti patrimoniali passano all'acquirente immediatamente, mentre i diritti sociali solo al momento dell'approvazione da parte della società."

10.   Il nuovo diritto azionario limita fortemente le possibilità di vincolo. I motivi riprodotti nel testo si riferiscono alle azioni nominative non quotate in borsa. Nel caso di azioni nominative quotate in borsa le possibilità di vincolo previste dalla legge (art. 685d CO e art. 4 delle disposizioni finali della legge federale sulla revi-

1. tenere lontano acquirenti che gestiscono, partecipano o sono impiegati presso un'impresa che è in concorrenza con lo scopo della società;
2. la conservazione della società quale impresa indipendente, i cui voti sono controllati dai membri di una famiglia [   ][11];
3. l'acquisizione o la detenzione di azioni in nome o nell'interesse di terze persone.

Il consiglio di amministrazione può respingere la domanda di approvazione senza indicare motivi se offre all'alienante di acquistare le azioni (per proprio conto, per conto di altri azionisti o per conto di terzi) al loro valore reale al momento della domanda.

Sentito l'interessato, la società può cancellare iscrizioni nel libro delle azioni, qualora siano state effetuate in base ad indicazioni er-

sione del diritto della società anonima) possono essere integrate nello statuto nel modo seguente:

"La domanda di approvazione può essere respinta per i seguenti motivi:

1. se un acquirente a seguito del riconoscimento quale azionista a tutti gli effetti direttamente o indirettamente acquistasse o si trovasse a possedere complessivamente più del tre per cento del numero totale delle azioni nominative iscritto nel registro di commercio;

2. in quanto e finché il riconoscimento di un acquirente quale azionista a tutti gli effetti potrebbe impedire alla società - sulla base delle informazioni a disposizione - di fornire le prove richieste dalla legislazione federale riguardo al controllo svizzero sulla società;

3. se l'acquirente, malgrado richiesta della società, non dichiara espressamente di avere acquistato e di detenere le azioni in proprio nome e per proprio conto.

Persone giuridiche e società di persone legate tra loro mediante capitale, potere di voto, gestione o in altro modo, come pure tutte le persone fisiche o giuridiche che mediante patto, sindacato o in altro modo procedono coordinatamente allo scopo di eludere le disposizioni di vincolo, valgono come una persona sola nell'ambito dell'applicazione delle cifre 1 e 2 suddette."

11. O disposizioni simili, che descrivano in modo più dettagliato cosa si intenda per "indipendenza economica dell'impresa"; in modo particolare anche la messa in pericolo del conseguimento dello scopo sociale concreto.

rate dell'acquirente. Questi deve esserne immediatamente informato.

III. Organizzazione della società

Articolo 6

Gli organi della società sono:

A. Assemblea generale
B. Consiglio di amministrazione
C. Ufficio di revisione

A. Assemblea generale

Articolo 7

L'organo supremo della società è costituito dall'assemblea generale, cui spettano i poteri inalienabili seguenti:

1. l'approvazione e la modificazione dello statuto;
2. la nomina e la revoca dei membri del consiglio di amministrazione e dell'ufficio di revisione;
3. l'approvazione del rapporto annuale e del conto annuale[12], come pure la deliberazione sull'impiego dell'utile risultante dal bilancio, in modo particolare la determinazione del dividendo e della partecipazione agli utili[13];
4. il discarico agli amministratori;
5. le deliberazioni sopra le materie ad essa riservate dalla legge

12. Eventualmente anche del conto di gruppo (art. 663e CO).

13. Cfr. nota 36.

o dallo statuto o che le sono state sottoposte dal consiglio di amministrazione[14].

Articolo 8

L'assemblea generale ordinaria ha luogo ogni anno, entro sei mesi dalla chiusura dell'esercizio.

Ogni qualvolta sia necessario, in modo particolare nei casi previsti dalla legge, si convocano assemblee generali straordinarie.

Il consiglio di amministrazione deve convocare assemblee generali straordinarie se azionisti che rappresentano almeno il dieci per cento del capitale azionario lo richiedono per scritto indicandone lo scopo.

Articolo 9

L'assemblea generale è convocata dal consiglio di amministrazione e, quando occorre, dall'ufficio di revisione. Il diritto di convocazione spetta anche ai liquidatori.

La convocazione dell'assemblea generale avviene per lettera[15] ai portatori di azioni[16], almeno venti giorni prima di quello fissato per l'adunanza. Sono indicati nella convocazione gli oggetti all'ordine del giorno come pure le proposte del consiglio di am-

14. Malgrado che nell'art. 716a cpv. 1 CO gli siano state assegnate delle fondamentali attribuzioni inalienabili e irrevocabili, il consiglio di amministrazione può continuare a sottoporre all'assemblea generale decisioni di portata fondamentale. É incerto se ciò possa avere un influsso sulla responsabilità dei membri del consiglio di amministrazione.

15. Il consiglio di amministrazione è libero di inviare la convocazione per lettera raccomandata. Ciò è consigliabile là dove vi fossero delle tensioni all'interno della cerchia degli azionisti.

16. Nel caso di azioni al portatore la convocazione avviene mediante pubblicazione nel "Foglio ufficiale svizzero di commercio".

ministrazione e degli azionisti che hanno chiesto la convocazione dell'assemblea generale o l'iscrizione di un oggetto all'ordine del giorno.

Fatta riserva per le disposizioni sull'assemblea totalitaria, nessuna deliberazione può essere presa su oggetti che non siano stati debitamente iscritti all'ordine del giorno; sono eccettuate le proposte di convocare un'assemblea generale straordinaria o di effettuare una verifica speciale. Non occorre invece comunicare anticipatamente le proposte che entrano nell'ambito degli oggetti all'ordine del giorno né le discussioni non seguite da un voto.

I proprietari o i rappresentanti di tutte le azioni possono, purché nessuno vi si opponga, tenere un'assemblea generale anche senza osservare le formalità prescritte per la convocazione (assemblea totalitaria). Finché i proprietari o i rappresentanti di tutte le azioni sono presenti, nel corso di tale assemblea può essere discusso e deliberato validamente su tutti gli oggetti di competenza dell'assemblea generale.

Venti giorni almeno prima dell'assemblea generale ordinaria devono depositarsi presso la sede della società[17], perché possano esservi consultate dagli azionisti, la relazione sulla gestione e la relazione dei revisori. Di ciò sarà fatta menzione nella convocazione.

Articolo 10

L'assemblea generale è presieduta dal presidente o, in caso di suo impedimento, da un altro membro del consiglio di amministrazione o da un presidente del giorno nominato dall'assemblea generale.

---

17. Secondo il nuovo diritto non più presso la sede di eventuali succursali (cf. art. 696 cpv. 1 CO).

Il presidente nomina un verbalizzante e degli scrutatori, che non devono necessariamente essere azionisti.

Il consiglio di amministrazione provvede alla tenuta del processo verbale, che è da firmare dal presidente e dal segretario del consiglio di amministrazione.

Articolo 11

Ogni azione dà diritto a un voto[18].

Ogni azionista può farsi rappresentare nell'assemblea generale da un altro azionista[19] che si legittima mediante procura scritta.

L'assemblea generale prende le sue deliberazioni e fa le nomine di sua competenza a maggioranza assoluta dei voti delle azioni rappresentate[20], salvo contraria disposizione della legge[21] o dello statuto[22].

18. Nel caso di azioni con valori nominali diversi, tale disposizione porta ad azioni con diritto di voto privilegiato.

    Se lo statuto di società con azionariato pubblico prevede una clausola percentuale (cfr. nota 10), è consigliabile aggiungere una clausola di limitazione del diritto di voto, per esempio secondo il modello seguente:

    "Per l'esercizio del diritto di voto nessun azionista può - per azioni proprie e rappresentate - riunire direttamente o indirettamente su di sé più del tre per cento dell'intero capitale azionario. A favore degli organi della società e dei rappresentanti depositari il consiglio di amministrazione può emanare delle disposizioni differenti.

    Persone giuridiche e società di persone, riunite tra loro a livello di capitale, di voto o di gestione, riguardo al diritto di voto vengono considerate come un unico azionista."

19. Eventualmente da una terza persona, anche non azionista.

20. Quindi la metà più uno dei voti delle azioni rappresentate; per es. $(300 : 2) + 1 = 151$ voti.

21. Cfr. art. 704 cpv. 1 CO.

22. Lo statuto può continuare a prevedere delle quote qualificate per determinate deliberazioni (cfr. per esempio sopra art. 4 cpv. 2). Permessi sono anche quozienti statutari di presenza necessari affinché l'assemblea generale sia valida-

Se un'elezione non ha luogo in un primo scrutinio, si procede ad un secondo scrutinio in cui decide la maggioranza relativa[23].

Il presidente non ha voto decisionale[24].

Le deliberazioni e le nomine avvengono apertamente, salvo che il presidente o un azionista richieda che avvengano segretamente.

Articolo 12

Una deliberazione dell'assemblea generale approvata da almeno due terzi dei voti rappresentati e dalla maggioranza assoluta dei valori nominali rappresentati è necessaria per[25]:

1. la riduzione o la soppressione dei limiti della trasferibilità delle azioni nominative;
2. la trasformazione di azioni nominative in azioni al portatore[26];
3. lo scioglimento della società mediante liquidazione.

mente costituita, e ciò malgrado che i quorum di presenza siano stati soppressi a livello di legge.

23. Viene eletto colui che ottiene il maggiore numero di voti (senza considerare la cifra totale dei voti espressi a favore di altri candidati).

24. Questa disposizione corrisponde al diritto dispositivo. Il voto decisionale del presidente (e quindi di regola del presidente del consiglio di amministrazione) può tuttavia venire accordato mediante disposizione statutaria. Per quanto concerne il consiglio di amministrazione invece vale il contrario: se lo statuto non prevede il contrario, il presidente ha il voto decisivo, che però può essere soppresso statutariamente (art. 713 cpv. 1 CO).

25. Come possibile completamento dei quorum nei casi previsti dalla legge a norma dell'art. 704 cpv. 1 CO. Va osservato che le disposizioni statutarie che prevedono, per talune deliberazioni, una maggioranza superiore a quella prescritta dalla legge possono essere adottate soltanto alla maggioranza prevista (art. 704 cpv. 2 CO).

26. In modo da impedire che la protezione garantita dai vincoli sulle azioni nominative possa essere soppressa troppo facilmente. Nel caso di differenti valori nominali va osservato l'art. 623 cpv. 2 CO.

B. Consiglio di amministrazione

Articolo 13[27]

Il consiglio di amministrazione si compone da uno o più membri. Di regola viene eletto nel corso dell'assemblea generale di volta in volta per la durata di un anno. I membri del consiglio di amministrazione rimangono in carica fino all'assemblea generale ordinaria seguente[28]. È fatta riserva per le dimissioni e per la revoca. I nuovi amministratori portano a termine il mandato di coloro che vengono sostituiti.

Gli amministratori sono in ogni tempo rieleggibili.

Il consiglio di amministrazione si costituisce autonomamente. Designa il suo presidente ed un segretario, che non deve necessariamente essere membro del consiglio di amministrazione[29].

Articolo 14

Al consiglio di amministrazione compete la direzione suprema della società e il controllo della conduzione degli affari. Esso rappresenta la società verso l'esterno e si occupa di tutte le materie che non sono attribuite dalla legge, dallo statuto o da regolamento ad un altro organo della società.

---

27. Il nuovo diritto azionario non prevede più l'obbligo per gli amministratori di depositare un determinato numero di azioni presso la sede sociale. La qualità di azionista rimane invece presupposto necessario per poter assumere la carica di amministratore secondo l'immutato art. 707 cpv. 2 CO (azione di qualifica).

28. Nel caso che gli amministratori dovessero rimanere in carica per più anni, è consigliabile la seguente disposizione: "I membri del consiglio di amministrazione rimangono in carica fino a quando l'assemblea generale li riconferma o procede a una nuova elezione."

29. La nomina del presidente, non di altre cariche, può essere attribuita all'assemblea generale mediante disposizione statutaria (cfr. art. 712 cpv. 2 CO).

Il consiglio di amministrazione può delegare la gestione degli affari o di alcune categorie di essi a una o più persone, membri del consiglio di amministrazione o terzi, anche non azionisti. Il consiglio di amministrazione emana il regolamento d'organizzazione e regola i relativi rapporti contrattuali[30].

Il consiglio di amministrazione ha le attribuzioni inalienabili e irrevocabili seguenti:

1. l'alta direzione della società e il potere di dare le istruzioni necessarie;
2. la definizione dell'organizzazione;
3. l'organizzazione della contabilità, del controllo finanziario nonché l'allestimento del piano finanziario[31];
4. la nomina e la revoca delle persone incaricate della gestione e della rappresentanza[32] e la regolamentazione dei diritti di firma;
5. l'alta vigilanza sulle persone incaricate della gestione, in particolare per quanto concerne l'osservanza della legge, dello statuto, dei regolamenti e delle istruzioni;
6. l'allestimento della relazione sulla gestione, la preparazione dell'assemblea generale e l'esecuzione delle sue deliberazioni;
7. l'avviso del giudice in caso di eccedenza dei debiti;
8. deliberare su conferimenti ulteriori, relativi alle azioni non interamente liberate;
9. deliberazioni concernenti la constatazione di aumenti del capitale e delle conseguenti modifiche statutarie;

---

30. Un regolamento d'organizzazione è sempre necessario se il consiglio di amministrazione delega la gestione in modo totale o parziale (art. 716b CO). I rapporti giuridici tra la società e i singoli membri del consiglio di amministrazione o terzi, a cui vengono delegate delle competenze, vanno inoltre regolati a livello contrattuale.

31. Nella misura in cui il piano finanziario fosse necessario per la conduzione della società (art. 716a cpv. 1 cifra 3 CO).

32. A norma del diritto dispositivo ogni amministratore ha il potere di rappresentare la società (art. 718 cpv. 1 CO). Relative limitazioni, in particolare il diritto di firma collettivo a due, sono da definire nel regolamento di organizzazione.

10. esame dei requisiti professionali dei revisori particolarmente qualificati nei casi in cui la legge prevede l'impiego di tali revisori[33].

Articolo 15

Il regolamento d'organizzazione definisce l'ordine dei seggi, la capacità di deliberare (presenza) e il modo di deliberare del consiglio di amministrazione[34].

Il Presidente ha voto decisionale[35].

Sulle discussioni e decisioni è tenuto un processo verbale, firmato dal presidente e dal segretario del consiglio di amministrazione.

Articolo 16

I membri del consiglio di amministrazione hanno diritto a un risarcimento delle spese da loro sopportate nell'interesse della società e a un indennizzo corrispondente alla loro attività, importi che vengono fissati dal consiglio di amministrazione stesso[36].

---

33. Cfr. art. 727b cpv. 1, 731a cpv. 1, 732 cpv. 2, 745 cpv. 3, 653f cpv. 1 e 653i cpv. 1 CO, come pure il decreto sui requisiti professionali dei revisori particolarmente qualificati del 15 giugno 1992 (RS 221.302), in particolare art. 3 cpv. 1.

34. Disposizione meramente dichiarativa. Secondo le norme legali dispositive, il consiglio di amministrazione prende le decisioni a maggioranza dei voti emessi. Le decisioni possono essere prese anche in via di circolazione mediante adesione scritta ad una proposta, purché la discussione orale non sia chiesta da un amministratore.

35. Cfr. nota 24. L'esclusione del voto decisivo mediante disposizione statutaria è consigliabile nel caso di società in cui le azioni sono detenute in parti uguali e deve esservi una situazione di parità in seno al consiglio di amministrazione (per esempio 50:50 Joint Ventures).

36. Ciò a debito del conto economico, a differenza della partecipazione agli utili a norma dell'art. 7 cifra 3, che rappresenta un effettivo impiego dell'utile (conseguenze fiscali).

92

C. Ufficio di revisione

Articolo 17

L'assemblea generale nomina ogni anno una o più persone fisiche o giuridiche quale ufficio di revisione ai sensi dell'art. 727 ss. CO, con i diritti e i doveri stabiliti dalla legge.

IV. Conto annuale e ripartizione utili

Articolo 18

L'esercizio annuale comincia il 1° gennaio e termina il 31 dicembre, la prima volta il 31 dicembre [ ][37].

Il conto annuale, composto dal conto economico, dal bilancio e dall'allegato[38], viene allestito conformemente alle disposizioni del Codice delle Obbligazioni, in modo particolare agli art. 662a ss., nonchè ai principi commerciali e del ramo generalmente riconosciuti.

Articolo 19

Fatta riserva per le disposizioni di legge concernenti la ripartizione degli utili, in particolare per gli art. 671 ss. CO, l'utile risultante dal bilancio resta a disposizione dell'assemblea generale.

Articolo 20

La distribuzione delle partecipazioni agli utili ai membri del consiglio di amministrazione avviene in base all'art. 677 CO.

---

37. L'esercizio annuale non deve necessariamente essere fissato nello statuto.

38. Eventualmente anche dal conto di gruppo (art. 663e CO).

V. Scioglimento e liquidazione

Articolo 21

L'Assemblea generale può in ogni momento decidere lo scioglimento e la liquidazione della società in base alle disposizioni della legge e dello statuto.

La liquidazione ha luogo a cura del consiglio di amministrazione, a meno che l'assemblea generale non designi altri liquidatori.

La liquidazione della società avviene in base agli art. 742 ss. CO. I liquidatori sono autorizzati a vendere gli attivi (compresi i beni immobili) anche a trattativa privata.

Una volta estinti i debiti, il patrimonio viene diviso tra gli azionisti in base agli importi da loro pagati.

VI. Comunicazioni e pubblicazioni

Articolo 22

Convocazioni e comunicazioni agli azionisti avvengono per lettera agli indirizzi indicati nel libro delle azioni[39].

Nei casi previsti dalla legge, le notificazioni ai creditori avvengono mediante pubblicazione nel "Foglio ufficiale svizzero di commercio", organo di pubblicazione ufficiale della società.

[   ], il [   ]

---

39. Nel caso di azioni al portatore mediante pubblicazione nel "Foglio ufficiale svizzero di commercio".

Appendici

I. Aumento autorizzato[40]

Art. 3a

Entro il [   ][41], il consiglio di amministrazione è autorizzato ad aumentare il capitale azionario di un importo massimo di Fr. [   ][42] mediante l'emissione di al massimo [ ] azioni al portatore interamente liberate del valore nominale di Fr. [ ] l'una, e di al massimo [ ] azioni nominative interamente liberate del valore nominale di Fr. [ ] l'una[43]. Sono ammessi aumenti mediante assunzione a fermo come pure aumenti in importi parziali. Le nuove azioni nominative dopo l'acquisizione sottostanno alle disposizioni sulle limitazioni della trasferibilità ai sensi dell'art. 5 dello statuto. Il consiglio di amministrazione decide di volta in volta il prezzo di emissione, il momento a partire dal quale le nuove azioni danno diritto a un dividendo nonché la specie dei conferimenti.

Il consiglio di amministrazione è autorizzato a sopprimere il diritto di opzione degli azionisti per attribuirlo a terze persone, se tali

40. Le disposizioni statutarie concernenti l'aumento autorizzato del capitale azionario si riferiscono principalmente alle società con azionariato pubblico. A differenza del capitale condizionale, il capitale autorizzato troverà applicazione anche nell'ambito di piccole società anonime.

   Dovesse essere costituito un capitale autorizzato, è consigliabile modificare l'art. 14 cpv. 3 cifra 9 della versione di base dello statuto come segue: "Deliberazioni concernenti l'aumento di capitale, nella misura in cui tale competenza sia di spettanza del consiglio di amministrazione (art. 651 cpv. 4 CO), come pure deliberazioni concernenti la constatazione di aumenti del capitale e delle conseguenti modifiche statutarie."

41. Al massimo due anni (art. 651 cpv. 1 CO), calcolati a partire dall'iscrizione della base statutaria nel registro di commercio.

42. Al massimo la metà del capitale azionario esistente (art. 651 cpv. 2 CO). Nel caso di un aumento del capitale azionario e del capitale di partecipazione: al massimo la metà della somma del capitale azionario e del capitale di partecipazione esistenti (art. 656b cpv. 4 CO).

43. Eventualmente quali azioni con diritto di voto privilegiato (cfr. sopra nota 6).

95

nuove azioni dovessero essere impiegate per l'assunzione di imprese mediante scambio di azioni, per finanziare l'assunzione di imprese o parti d'impresa, per finanziare nuovi progetti di investimento della società o per permettere la compartecipazione dei lavoratori[44]. Azioni, sulle quali sono stati concessi dei diritti di opzione di seguito non esercitati, devono essere vendute dalla società a condizioni di mercato.

---

44. Non è ancora chiaro fino a quale punto i "gravi motivi" ai sensi dell'art. 652b CO
    - al contrario dell'aumento ordinario - debbano essere specificati nello statuto.
    Quali siano i gravi motivi, dipenderà dalla concreta situazione di ogni singola
    società.

II. Aumento condizionale[45]

Art. 3b

Il capitale azionario della società viene aumentato di un importo massimo di Fr. [   ][46] mediante l'emissione di al massimo [   ] azioni al portatore interamente liberate del valore nominale di Fr. [   ] l'una e di al massimo [   ] azioni nominative interamente liberate del valore nominale di Fr. [   ] l'una[47], al momento e nella misura in cui vengono esercitati diritti di conversione o d'opzione attribuiti ai loro titolari in relazione a prestiti obbligazionari emessi dalla società o da una delle sue filiali[48]. Il diritto di opzione degli azionisti relativamente a queste azioni è escluso. L'acquisizione delle azioni nominative mediante l'esercizio dei diritti di conversione o di opzione sottostà alle disposizioni sulle limitazioni della trasferibilità ai sensi dell'art. 5 degli statuti.

Per quelle obbligazioni convertibili o con diritto di opzione, per cui in base ad una decisione del consiglio di amministrazione non è offerta previamente la sottoscrizione agli azionisti, vale quanto segue:

1. il ricavato dell'emissione di tali obbligazioni convertibili o con diritto di opzione può essere impiegato unicamente per finanziare l'assunzione di imprese o parti d'impresa o nuovi progetti di investimento della società o di una sua filiale[49];

---

45. Disposizioni statutarie sul capitale condizionale si riferiscono esclusivamente a società aperte ad azionariato pubblico.

46. Al massimo la metà del capitale azionario esistente (art. 653a cpv. 1 CO). Nel caso di un aumento del capitale azionario e del capitale di partecipazione: al massimo la metà della somma del capitale azionario e del capitale di partecipazione esistente (art. 656b cpv. 4 CO).

47. Eventualmente quali azioni con diritto di voto privilegiato (cfr. sopra nota 6).

48. Il capitale condizionale può venire impiegato anche per permettere la compartecipazione dei lavoratori (cfr. art. 653 cpv. 1 CO).

49. I "gravi motivi" che giustificano la soppressione del diritto preferenziale di sottoscrizione (art. 653c cpv. 2 CO) non devono necessariamente figurare negli

2. i diritti di opzione possono essere esercitati al massimo entro cinque anni, i diritti di conversione al massimo entro dieci anni a decorrere dal termine di emissione del prestito in questione[50];

3. emissione dell'obbligazione convertibile o con diritto di opzione a condizioni di mercato relativamente al tasso di interesse e al prezzo di esercizio per acquistare le nuove azioni legate al prestito[51].

statuti; possono anche essere comunicati agli azionisti in altra forma vincolante nel corso (o prima) dell'assemblea generale. I motivi qui menzionati sono simili ai gravi motivi dell'art. 652b cpv. 2 CO.

50. Se agli azionisti non è offerta previamente la sottoscrizione, gli statuti devono indicare le condizioni d'esercizio dei diritti di conversione e d'opzione (art. 653b cpv. 2 cifra 1 CO).

51. Se agli azionisti non è offerta previamente la sottoscrizione, lo statuto deve inoltre indicare i criteri secondo i quali va calcolato il prezzo d'emissione (art. 653b cpv. 2 cifra 2 CO).

III. Capitale di partecipazione[52]

Art. 3c[53]

Il capitale di partecipazione della società ammonta a Fr. [   ] ed è suddiviso in [   ] buoni di partecipazione al portatore[54] del valore nominale di Fr. [   ] l'uno[55]. I buoni di partecipazione sono interamente liberati[56].

In ragione del loro valore nominale, i buoni di partecipazione garantiscono gli stessi diritti delle azioni in merito alla ripartizione dell'utile risultante dal bilancio, all'avanzo della liquidazione e alla sottoscrizione di nuove azioni[57]; per contro non conferiscono né un diritto di voto né diritti ad esso connessi[58].

Se il capitale azionario e il capitale di partecipazione sono aumentati simultaneamente e nella stessa proporzione, gli azionisti hanno

52. Un capitale di partecipazione è possibile anche nel caso di società anonime private. Secondo il nuovo diritto i buoni di partecipazione possono essere emessi unicamente nelle forme di aumento del capitale azionario previste dalla legge (aumento ordinario, aumento autorizzato o aumento condizionale, cfr. art. 656a cpv. 2 e art. 656b cpv. 5 CO). Nel caso venisse introdotto un capitale di partecipazione, il titolo 2 della versione di base dello statuto va corrispondentemente adattato.

53. É possibile anche l'inserimento di tali disposizioni statutarie direttamente nell'art. 3.

54. Sono possibili anche buoni di partecipazione nominativi.

55. Il capitale di partecipazione non può eccedere il doppio del capitale azionario (art. 656b cpv. 1 CO). Le disposizioni sul capitale minimo e sui conferimenti minimi totali non sono applicabili (art. 656b cpv. 2 CO); per contro anche qui deve essere liberato almeno il venti per cento del valore nominale.

56. Una liberazione parziale è possibile solo nel caso di buoni di partecipazione nominativi

57. Se vi sono diverse categorie di azioni, lo statuto deve stabilire a quale categoria i buoni di partecipazione vanno assimilati (relativamente ai diritti patrimoniali) (cfr. art. 656f cpv. 2 CO).

58. Le disposizioni indicate a nota 61 ss. costituiscono possibili varianti per quest'ultimo capoverso.

un diritto di opzione solo sulle azioni e i partecipanti solo sui buoni di partecipazione. Per il resto vale l'art. 656g CO.

Salvo disposizione contraria della legge o dello statuto, le norme legali e statutarie sul capitale azionario, sull'azione e sull'azionista sono applicabili anche al capitale di partecipazione, al buono di partecipazione e al partecipante.

Art. 9 cpv. 3[59]

La convocazione dell'assemblea generale unitamente agli oggetti all'ordine del giorno e alle proposte vanno comunicate ai partecipanti almeno venti giorni prima di quello fissato per l'adunanza mediante pubblicazione nel "Foglio ufficiale svizzero di commercio". La comunicazione deve segnalare che le deliberazioni dell'assemblea generale sono messe a disposizione dei partecipanti presso la sede della società e presso quella delle sue succursali iscritte nel registro di commercio[60].

---

59. Inserimento tra i capoversi no. 2 e 3 dell'art. 9 della versione di base.

60. É possibile che al legislatore sia sfuggita la contraddizione con l'art. 696 cpv. 1 CO (deposito unicamente presso la sede della società).

Art. 3c cpv. 2 i.f.[61]

I partecipanti hanno lo stesso diritto degli azionisti di ottenere ragguagli e di consultare documenti[62].

Art. 8 cpv. 3[63]

Il consiglio di amministrazione deve convocare assemblee generali straordinarie se azionisti che rappresentano almeno il dieci per cento del capitale azionario o partecipanti che rappresentano almeno il dieci per cento del capitale di partecipazione lo richiedono per scritto indicandone lo scopo.

Art. 11 cpv. 7[64]

I partecipanti sono autorizzati a prender parte alle assemblee generali ordinarie e straordinarie[65]. Tutti i partecipanti presenti possono fare delle proposte nell'ambito degli oggetti all'ordine del giorno e partecipare alla discussione; per contro non hanno diritto di voto.

---

61. Le seguenti disposizioni sono proposte valide nel caso che la società volesse accordare ai partecipanti i relativi diritti sociali (cfr. art. 656c CO; senza pretese di completezza; quale variante all'art. 3c cpv. 1 ultima frase). Non si tratta comunque di un parametro dei diritti da accordare ai partecipanti. Va sottolineato inoltre che il requisito legale del consenso di una speciale assemblea dei partecipanti relativo alla soppressione o alla limitazione dei loro diritti sociali (art. 656f cpv. 4 CO) può venire escluso mediante disposizione statutaria.

62. Nel caso che ai partecipanti non venissero accordati questi diritti, va osservato l'art. 656c cpv. 3 CO.

63. Cfr. nota 61.

64. Cfr. nota 61.

65. In questi casi va regolata nello statuto anche la convocazione dei partecipanti. Ciò può avvenire mediante modificazione dell'art. 9 cpv. 2 prima frase della versione di base: "Almeno venti giorni prima di quello fissato per l'adunanza, gli azionisti vengono convocati mediante lettera raccomandata, i partecipanti mediante pubblicazione nel Foglio ufficiale svizzero di commercio."

Art. 12 cpv. 3[66]

I partecipanti hanno il diritto di avere un[67] rappresentante nel consiglio di amministrazione[68]. Il rappresentante dei partecipanti deve essere un partecipante, non necessariamente un azionista.

66.   Cfr. nota 61.

67.   Eventualmente anche più rappresentanti.

68.   Eventualmente disposizione statutaria che regola la procedura di proposta e di nomina.